国家新闻出版广电总局向全国青少年推荐百种优秀图书

跟孤独说再见

第2版

主　编　但　浩
副主编　曹贵康　陈彩虹

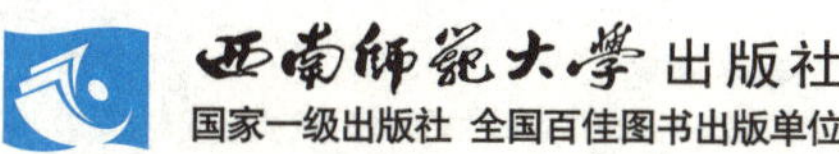

图书在版编目(CIP)数据

跟孤独说再见 / 但浩主编. —重庆：西南师范大学出版社，2014. 4

(青少年心灵氧吧丛书)

ISBN 978-7-5621-6706-8

Ⅰ. ①跟… Ⅱ. ①但… Ⅲ. ①青少年－心理健康－健康教育 Ⅳ. ①G479

中国版本图书馆 CIP 数据核字（2014）第 048451 号

青少年心灵氧吧丛书

总主编： 高雪梅　李　红　　**策　划：** 米加德　郑持军

跟孤独说再见

GEN GUDU SHUO ZAIJIAN

主编： 但　浩　　**副主编：** 曹贵康　陈彩虹

责任编辑： 鲁　艺
封面设计： 畅想设计
插图设计： 殷晓琳
出版发行： 西南师范大学出版社
地址：重庆市北碚区天生路 1 号
邮编：400715　　市场营销部电话：023-68868624
http://www.xscbs.com
经　　销： 新华书店
印　　刷： 重庆紫石东南印务有限公司
开　　本： 720mm×910mm 1/16
印　　张： 10
字　　数： 120 千字
版　　次： 2018 年 11 月第 2 版
印　　次： 2018 年 11 月第 6 次印刷
书　　号： ISBN 978-7-5621-6706-8
定　　价： 30.00 元

衷心感谢被收入本书的图文资料的原作者，由于条件限制，暂时无法和部分原作者取得联系。恳请这些原作者与我们联系，以便付酬并奉送样书。

“青少年心灵氧吧”丛书

编委会

给青少年朋友的一封信

亲爱的朋友：

你们好！

我是一名从事心理学工作的老师，工作中见证了面对孤独时青少年的烦恼和忧愁。成长的道路上，我也亲身经历了面对孤独时的恐惧和逃离。正是这些切身的感受促发我要和大家一起分享自己工作与生活的经历所得，期望能给大家带去勇敢面对孤独的正能量。

孤独无处不在，大家不用刻意地去回避。孤独的感觉实在不太好受，我们总会想方设法地通过各种方法来摆脱它，但最后总会发现效果不佳。原因很简单，孤独就像我们的影子，时刻围绕在我们的周围，影子不会消失，孤独也不会彻底地消失。但大家不用担心，孤独本身是没有危害的，有危害的是我们面对孤独的态度。那些面对孤独时的苦恼、忧愁、烦躁、无助才是我们要想办法去克服的。

孤独带给我们的负面情绪是可以战胜的，因为我们有友情和亲情。面对孤独带给我们的挑战，我们有自己的有力武器。大家需要敞开自己的心扉，学习一些与人沟通、交往的技巧，努力获得家人和朋友的支持。在亲情和友情的保护下，那个让人讨厌的孤独感自然也就无法兴风作浪了。

在大家的眼里，孤独更多的是洪水猛兽，让人避之不及，其实孤独也有它“善良的一面”。当我们孤独的时候，更少受外界的干扰，能够冷静地观察自己和世界，能够更好地规划自己的人生。众多成功人士的经历都告诉我们，要想取得学业、事业、人生的成功，我们需要时间独处。

面对孤独，我们可以不用回避；面对孤独，我们可以用自己的武器战胜它；面对孤独，我们可以善加利用。亲爱的朋友，请鼓起勇气，勇敢地与孤独说再见吧！

编者

目录 CONTENTS

第一篇　初探孤独——孤独面面观

孤独，一个让人纠结的词语。我们害怕孤独，希望自己把孤独甩得远远的，能够生活在热闹、充实中。但孤独的影子似乎总是无处不在，萦绕在我们的周围，让我们阳光的生活充满一丝的阴郁。孤独出现时我们应该怎么办？面对？逃避？答案肯定是面对，因为逃避不能解决任何问题。既然选择面对，就应该对孤独有所了解，睁大你的眼睛，我们一起来揭开孤独的神秘面纱吧！

1. 孤独：如影随形

你孤独吗？

在了解孤独之前，我们不妨先通过一个量表来测一测你是否孤独。

以镜观心

UCLA 孤独量表

	A. 从不	B. 很少	C. 有时	D. 经常
1. 你经常感到和周围的人无话可说吗？				
2. 你经常感到自己缺少同伴吗？				
3. 你经常感到没有人可以帮助自己吗？				
4. 你经常觉得孤单吗？				
5. 你觉得自己是某个交际圈的一员吗？				
6. 你经常觉得自己和周围的人有很多共同点吗？				
7. 你经常觉得自己身边没有任何关系亲密的人吗？				
8. 你经常觉得自己的兴趣和想法与周围的人都是不同的吗？				
9. 你觉得自己是开朗和友好的吗？				
10. 你经常感到自己和别人亲近吗？				
11. 你经常感到自己被孤立吗？				
12. 你经常觉得自己和别人的关系是不重要的吗？				
13. 你经常觉得没人真正了解你吗？				
14. 你经常觉得自己从人群中孤立出来吗？				
15. 你经常感觉如果你愿意，就可以找到同伴吗？				
16. 你觉得有人真正了解你吗？				
17. 你经常感到害羞吗？				
18. 你经常感觉人们只是生活在你周围，但与你毫无瓜葛吗？				
19. 你觉得自己有倾诉的对象吗？				
20. 你经常感觉有人可以帮助自己吗？				

计分方法：A=1，B=2，C=3，D=4；其中5，6，9，10，15，16，19，20反序计分，即A=4，B=3，C=2，D=1。然后将每个条目的得分相加，总分越高表示孤独的程度越高，总分低于28，表明你的孤独程度较低；总分在28~43之间，表明你的孤独程度中等；总分在44以上表明你的孤独程度较高。

1	2	3	4	5	6	7	8	9	10	11	12	13	14	15	16	17	18	19	20	总分

不知道你有没有这样的经历，当你刚从外面归来，心情不错地进入教室的时候，之前在教室里谈笑风生的同学们突然停止了谈话，你只好悻悻地走开。问一问此时的自己，心里是什么感觉？

回顾一下我们的成长经历，从我们离开母体的那一刻开始，孤独就像我们的影子一样，伴随着我们的一生。

可能你会问，我有很多的朋友、很多的知己、很好的家庭，我也会孤独吗？答案是肯定的，我们无法避免孤独。这就像我们无论何时一回头，总会发现背后拖着一条长长的影子一样，我们摆脱不了影子，同样也摆脱不了孤独。

那么，孤独究竟是什么？

有人极有诗意地说：孤独是一种远离人间的冰凉的美丽。

有时候，看他人的孤独，你没有身临其境，只是雾里看花，你可能会认定个中有说不完道不尽的诗情画意，认定孤独具有魅力，认定孤独着是美丽的。其实，孤独的个中滋味，只有品尝过了才略知一二，孤独有美丽的一面，也有可憎的一面。一个人陷入孤独，一定是和现实存在一种不被认同的距离感，或许是人本身，或许是思想。自己不想孤独而陷入孤独是一种痛苦的孤独；自己需要孤独而孤独着是一种甜甜的孤独；形影相吊的孤独，是一种酸楚的孤独；思想不为众人接受的孤独，是一种辛辣的孤独。

有人极有哲理地说：孤独是一种人生旅途上美轮美奂的境界。

的确，孤独常常使我们陷入一种沉思、冥想的状态，可能让我们获得思想，一旦孤独过去，我们就会更加成熟一些，更加深沉一点。人人都可能孤独，可并非人人都会在孤独中产生思想。有的人在孤独中萎靡不振而沉沦，有的人却在孤独中大彻大悟而更加超然。有时候，我们的确需要一种孤独，因为孤独是一种磨砺，磨砺着我们的意志；因为孤独是一种创造，创造着我们的生命；还因为，我们需要远离尘嚣，去认真思索一些问题。

我们平常所理解的孤独就是形单影只，孤孤单单地一个人飘着。除了外在的孤独之外，孤独更多的时候还是一种内心的孤独，我们会感觉到自己不被理解、不被重视、不被关心。究其原因，外在的孤独和内心的孤独大都源于人际的孤独。

开拓视野

人际孤独主要有以下几类。

被动孤独

社会心理学家认为，人是一种群居动物，喜欢和其他人接触，喜欢和其他人在一起，有一种合群的倾向。但是，在我们的周围几乎每个班都会有那么一两个同学，虽然渴望和其他同学交往，希望能够融入集体，和大家打成一片，但是，周围的同学不接纳他们、排斥他们，让他们感到无依无靠、孤单烦闷。“我在学校一个朋友也没有，我在学校那么落魄。情绪不好或受了委屈时，不能够像别人那样，可以向好朋友倾诉，只能把话闷在心里或对日记倾诉……我最怕这种孤独。”他们是被孤立的一群，我们把这类人际孤独称为被动孤独。

主动离群

在班级里，还常常会有少言寡语、性情孤僻、游离于集体之外的学生。在学校里，凡是集体游戏、集体活动，他们都没有兴趣，情愿一个人独自玩耍；在班级里，轮到他们值日时，总是借故请假，对集体的工作不热心；在学校的各类评比检查中，班级获得了荣誉，同学们兴奋不已时，他们却显得冷漠；在集体中，他们也总是独来独往，难得和同学讲上一句话。

这群人中，有部分学生主张孤独和快乐都是自己的，但是内心却又非常痛苦。“我是一个独来独往的人。在同学们眼里，我是不合群的。我的欢乐是自己的，孤独也是自己的。我不想麻烦别人，也不愿让别人打扰我。有一次我割破手腕，被一个女同学发现后写了一封劝勉的信给我，这让我非常气愤。我不愿别人走进我的内心……”“其实，在割手腕之前，我早就用烟头烫过自己。我不会抽烟，但我喜欢夹着烟深思的样子。一次，我心里非常难过，就下意识地拿烟头烫胳膊，直至烫开一个白色的口子才作罢。从此，这种行为便一发不可收拾。”

孤独症/自闭症

前面两种情况是比较轻的人际孤独，他们可以正常地生活。但当人际孤独比较严重时，就会影响到我们的身心健康了，我们称之为孤独症，也叫自闭症。

有孤独症的人往往表现出以下几个方面的障碍。

(1)极端孤独，对周围的人和事不感兴趣，甚至对亲人也不做反应，面部无感情表露。

(2)言语交往能力削弱，他们大多时候保持完全缄默，不跟周围的人交谈。

(3)固执地坚持同一模式。患者对物体的排列、室内家具位置、日常惯例和行动固守“同一性”，反对变动。当改变环境或接触陌生环境时，会出现强烈的焦虑反应。总是重复一种固定的生活模式。

(4)对某些物体，如一个杯子或一个布娃娃，表现出特殊的依恋，不能分离；如果将东西拿走，就会表现出极度的焦虑甚至大吵大闹，对身边的人却完全没有兴趣。

2. 孤独：无所例外

俗话说得好，“人生不如意，十之八九”，面对这些不如意，想一想，我们的内心有没有闪过一丝凄凉的孤独感。学习的不尽人意、朋友的反目、和父母关系的僵化、被人误解甚至最简单的夜晚失眠……

也许你会问，刚才所提到的不都是我们失意的时候吗？成功时我们不就可以远离孤独了吗？答案同样是否定的。成功之时，我们也可能接受孤独的考验。你可以回顾一下，当我们成功之时，闪烁在心无芥蒂的朋友或无话不谈的伙伴眼中的除了欣喜，是不是也会有羡慕甚至是一丝的嫉妒。也就是说，成功带给我们的也有可能是孤独。孤独的影子，充斥着我们的人生。

我们在这个世界上生活，所有的决断都需要我们来完成，任何亲密的人，都无法代劳。考试中的紧张、恋爱时的甜蜜、失败时的失落、父母责备时的难过，都只有我们自己经历，如人饮水，冷暖自知，任何人都替代不了。孤独似乎真的无处不在！

3. 孤独：矛盾统一体

看到此处，我们可能会有个巨大的疑问，似乎书中所说的和我们都没有关系。自己每天所面对的，虽谈不上前呼后拥，但自己的性格爽朗、易于亲近，人缘也颇为不错。人群中的我们总是高高兴兴、轻松愉快，总能轻易地和他人打成一片，迅速地适应环境。但是问问自己的内心，或许我们会有意外的发现哦！

人缘极好的我们总能正确地找到我们所扮演的角色，了解自己应该干些什么。在与人交往的过程中，我们早已准备好了一些俏皮话和各种精彩的故事来吸引他人的注

意。当然，如果我们足够幸运，别人的关注点会持续地留在我们身上，让我们乐此不疲，成为我们继续下去的动力。即使我们发现这有些不合我们的本意，为了保持良好的人缘，我们也会妥协，完成别人的期待。

然而不幸的是，这样的我们却是那个最害怕孤独的人。如果我们不能完成别人的期待，便有可能失去在同伴中的地位，这是我们所不愿意看到的。要避免此种情况，怎么办？我们不得不叽叽喳喳地说些无关紧要的话题，或用所谓的忙碌来填补自己内心的空虚，来麻醉自己，甚至不惜消耗体力来劳累自己，目的只有一个，让自己不会觉得孤独。

4. 孤独：因人而异

孤独虽然无处不在，但面对孤独，我们却表现出了巨大的差异。有的人会静静地面对孤独，什么也不干，就这样默默地待着，沐浴着孤独的侵袭；有的人会表现得缺乏耐心，总想通过各种方式尽快摆脱孤独、远离孤独，用丰富多彩的活动去消灭孤独。

孤独并不可怕，其实孤独有时候是很美丽的，只要你用心去体会孤独带给你的清醒。孤独的时候我们可以沉下来，你会发现此时我们思考问题的思路非常的清晰。另外，我们可以看看周围那些成功的人士，他们无不需要孤独来规划自己的人生，来规划自己的未来。有时，只有在孤独中我们才能更加全面地进行分析，不受外界的干扰。

孤独并不可怕，关键是我们面对孤独时的心态。用一颗平常心去面对它，也许你会有意外的收获；相反，你越是惧怕它，它越会如影随形，一而再再而三地搅乱你的生活，让你陷入孤独的泥潭中不能自拔。

5. 孤独：并非一无是处

到此处，你们可能会绝望了，生活的每一个角落、生命的每一个阶段，我们似乎都逃脱不了孤独的藩篱，孤独会无休止地尾随着我们。别绝望，也别灰心，因为孤独也并非一无是处。原因如下：作为一个独立自主的人，如果没有忍受孤独的精神，缺乏控制孤独的能力，则无法立足于社会。

你孤独吗？如果答案是肯定的，恭喜你，朋友，你可以顺利地进入社会的大舞台中。面对孤独，我们要做的不是为孤独而烦恼，那样只会浪费生命和时间，我们要做的

是正视孤独，创造性地利用孤独，变孤独为独立与自强。与同伴融洽地相处，我们的心情是舒适的，但是如果只停留在心情的舒爽上，我们是无法在心理上锻炼成一个独立的个体的。我们期望和每一个人建立良好的关系，但是我们依然需要时间独处。在开拓自己的才能和未来的道路上，独处的时刻是绝对必要的。虽说最初我们可能会觉得和这样的独处时刻有些格格不入，但深入地接触，你会发现，独处的时刻会成为我们生活中非常重要的部分。坦然地面对孤独，我们会迸发出巨大的创造力，它也是我们成功道路上一个非常重要的助力。

第二篇　孤独来袭——孤独产生的原因

古语有云："知己知彼，方能百战不殆。"当孤独浪潮袭来之时，我们首先需要做的是了解让我们孤独的原因。揭开孤独的伪装，我们也许会惊奇，孤独的背后原来隐藏着巨大的玄机：性格会让我们孤独，成功与失败会让我们孤独，压力会让我们孤独，就连我们引以为傲的幸福也会成为孤独的始作俑者……震惊？失望？伤心？用不着！了解了孤独产生的原因，我们就可以对症下"药"，"药"到孤独去。

1. 容易产生孤独的几种性格

造成我们孤独的原因有很多，在这些原因里面，性格因素是其中非常重要的一个。下面就让我们来细细地数一数，哪些性格会造成我们孤独。

现实型

镜头：他们对别人的阿谀奉承无动于衷，在别人看来他们的外表始终是老老实实的。胆小、懦弱是他们在别人眼中共同的标签。这样的性格也会让他们目中无人，只选择和那些优秀的人成为朋友，并且一味地追求获得更多的实惠。他们平时吃不了太多的苦，表现得也比较自私。

具备这样的性格会让他们不太相信绝对的善与能力，转而追求社会上世俗、实惠的东西。在他们的眼中，即便用尽各种办法也要得到所追求的东西，比如权势、地位等。这样也使他们被贴上所谓的现实、世故的标签，现实生活中这样的人是非常不负责任的。

情绪易变型

镜头一：刚开始面对一件事，他们劲头十足。时隔不久，他们的热情就逐渐消失了，对事情也失去了兴趣，调动不起任何的积极性。

镜头二：前一分钟，你还发现他们心情不错，喜笑颜开；后一分钟，却看见他们脸上阴云密布，情绪的火山好像随时都有要爆发的可能，让人捉摸不透。

碰到以上的两组镜头，你会有什么感觉，是不是也会觉得头疼不已？在精神医学上，这种类型的人我们称之为“循环气质”，也就是他们的情感会在短时间之内表现出极大的起伏。生活中，正常的人也会表现出情感的起伏，不一样的是，他们所表现出的情感起伏的程度较小。面对世间的百态，我们的情感也会相应地进行变化，高兴了我们会笑，伤心了我们会哭，正是这些情绪的变化才能让我们体味人世间的悲欢离合，然后幸福地生活着。轻度的循环气质会让我们看起来温柔、和蔼可亲、体贴，也更容易去适应环境的需求，让生活充满欢笑。但是，如果情绪的起伏超过了一定的程度，情绪变得阴晴不定、难以捉摸，这样的人我们称之为“感情不稳定型”。他们会因为生活上的一件小事而大受刺激，表现得异常的兴奋、异常的不安、异常的愤怒等等。试想一下，如果你的周围有这样的人存在，你可以忍受他一次、两次，那么三次甚至更多呢？其最终变得孤独也就可以预料了。

评论家型

镜头：你会发现他们经常踊跃发言，甚至经常打断他人的讲话，为的只是自己能够插上嘴、说上话。乍见之下，他们说的话似乎句句都切中要点，很有道理。什么人和事到了他们的口中都要被评论一番，“我觉得……”是他们惯用的口头禅。

他们评论别人的同时也会给自己带来负担，他们会担忧自己有不懂的地方，害怕别人会说自己知识浅薄，从而挑动他们内心最脆弱的那根神经——对于无知的耻辱，所以他们总会据理力争，夸夸其谈。然而这样的习性却会成为周围人群的笑柄，只是他们尚不知觉，悲剧也就无可避免了。

冥想型

镜头：下课的铃声一响，他们心无旁骛地走出教室。回到家中，他们整个晚上都是空洞的，没人说话，没人聊天。在学校里，和同学之间无法谈学习以外的事；在平日的生活中，虽然想接近他人，但又总让人觉得他们有些冷漠。

他们会选择逃离喧闹的公共场所，避免人与人之间的相互接触。他们逃避密集人群的倾向非常强烈。一旦与人群隔离，就把自己封闭起来，想东想西，大部分的时间都是沉溺在自我封闭的思索中。在生活中，他们常常表现出一些有攻击性的情感，如愤怒、不满、无法忍受他人的批评等。在人际关系上，他们非常憎恨人们彼此的竞争与纷争，像竞技类比赛这样需要清楚地分出胜负的场合，他们都不喜欢，宁可自己一个人独乐于书本中。他们具有些许分裂的气质，这些使他们成为与生俱来的孤独者。

背后议论型

镜头：在讨论或聊天中，他们不发言，似乎不太爱说话，但是在背后，他们总喜欢叽里呱啦地发牢骚、抱怨甚至攻击他人。

为什么会有不满呢？那是因为他们自己也受到过别人很低的评价，进而引发的一种情绪。做任何事情总落在第二位者最容易产生不满，他们会觉得自己的实力是有的，但是好的机会总被别人给夺走，心中产生不满和愤恨就难免了。

独乐型

镜头：他们不仰仗外物，一心一意想成为他人注目的焦点，成为人们评判的中心。为了达到此种目的，他们不惜伤害自己，伤害别人。尽管遭到恶评，他们也认为，总比没有评判、被人忽略的好，所以一直执迷不悟。说到此处，你们可能会心地笑了，在当今的娱乐圈是不是有很多这样的人呢，通过各种恶俗、搞怪来吸引人的眼球，达到成为人们评判中心的目的。

此类人心中潜藏的病态倾向，是过分夸大自我，不遗余力地宣传自己。为了使他们的夸张合理，在其言谈中会有不少杜撰的内容。他们说话很委婉诙谐，但只要说错一句，便立刻会遭人反感，甚至以后就再无说话的对象了，变得孤独就在意料之中了。

善于算计型

镜头：在干事情之前，他们会在头脑中进行算计，对于自己有直接利益的，就会努力去做；相反的，那些他们认为和自己不太相关的，则选择一概不做。

即使要干那些与自己利益无关的事，他们也会选择将来一定会对自己有利的去做。也正是如此，在他们的眼中，他们与朋友、师长的交往，也变成了一种长期的“投资”。也正是这种利益优先、精于算计的性格关闭了他们与别人交往的道路，使其成为孤独者。

狂热型

镜头：他们会告诉你“人生应该如何如何”“社会应该如何如何”，这样的理想论调会让他们与四周的环境形成对立。理想论与他们的性格坚固地结合在一起，也催眠了他们的思想，固化了他们的行为。

我们所知的某种思想、某种主义的狂热信奉者的性格就是此种类型。他们会不断地宣传和夸耀自己的理论，但是，一旦不被周围的人所接受，他们便会陷入自己的世界里，然后强调“世界上没有人了解我，我的知音在哪里”。他们会认为别人的思考模式是错的，通过这样的方式来安慰自己孤独的心。他们会固执地坚持自己的想法，不会向别人妥协，最终的结果就是他们越来越孤独。

规则固执型

镜头：他们有自己的一整套生活模式，每天干什么、怎么干都有着固定的规则。比如每天什么时候吃饭、吃多少，物品的摆放，洗手的方法，等等。他们会按部就班地完成这些事情，如果按规则完成了就心情舒畅，如若没有就会产生不安。

轻微的规则固执，谁都可能有，像有的人每天到了九点半就会强迫自己上床睡觉，这可以理解，也可以接受。但如果太拘泥于形式，他们的行动就会被牵制，缺乏流畅性和变通性。别人也会因此敬而远之，认为他们是“很麻烦、很啰唆的人”。

溺爱宠物型

镜头：他们喜欢宠物，溺爱宠物，身边总会出现宠物的影子，如猫、狗、鸟甚至其他宠物。

我们不能武断地说爱好宠物的人都是孤独的，但这些宠物在他们的心里，有着人际关系无法满足的代偿作用。在他们的观念里，与其忍受他人的指指点点、喋喋不休，不如自由自在地养些可爱的小动物来得更加的安全，更加的惬意，也更加的有趣。

自夸美貌型

镜头：他们十分在意自己的容貌，并会极力地向别人炫耀。对于容貌不佳者，他们会不屑一顾；对于容貌出众者，他们会借各种机会进行贬低，甚至进行攻击。

任何人都具有爱惜自己、保护自己的本能，但如果长时间地沉溺在迷恋自己的旋涡中，过分地美化自己、贬低他人，就会拉开我们与周围人的距离，让我们愈发的孤单。

2. 孤独：幸福铸就的烦恼

随着我们年龄的不断增长，我们开始逐渐建立各种社会关系：与父母的亲子关系，与老师的师生关系，与同龄人的伙伴关系，与异性的两性关系，等等。这些主要的关系都开始在我们的生活中起着不可替代的作用。这些关系的出现一方面让我们体验到了成长带给我们的快乐；另一方面也带给了我们无尽的烦恼。

亲子关系

现在的社会美其名曰“信息社会、快节奏社会”，但在笔者看来，有时，这样的信息社会、快节奏社会却少了些父子的亲情和母子的亲密。为了在快节奏的社会里生存、发展，父母们不得不疲于应付，而年轻的我们却为此付出了代价。这个代价就是要见一见自己的父母这么天经地义的事情，似乎也变得困难，甚至成了奢求。取而代之的是电话、E-mail 等信息时代标志性的东西。不变的是信息传递了，变的是亲情淡漠了。

伴随着年龄的增长，我们遇到了越来越多成长的烦恼，环顾四周，我们却惊奇地发现，这些烦恼没有地方可以诉说。

以下是台湾学者蒋勋在他的《孤独六讲》中的一段叙述：

在十二岁以前，我听他们的语言，或是他们听我的语言，都没有问题。可是在发育之后，我会偷偷读一些书、听一些音乐、看一些电影，却不敢再跟他们说了。我好像忽然拥有了另外一个世界，这个世界是私密的，我在这里可以触碰到生命的本质，但在父母的世界里，我找不到这些东西。

曾经试着去打破禁忌，在母亲忙着准备晚餐时，绕在她旁边问：“我们是从哪里来的？”那个年代的母亲当然不会正面回答问题，只会说：“捡来的。”多半得到的答案就是如此，如果再追问下去，母亲就会不耐烦地说：“胳肢窝里长出来的。” 其实，十三岁的我问的不是从身体何处来，而是“我从哪里来，要往哪里去”，是关于生与死的问题，犹记得当时日记上，便是充满了此类胡思乱想的句子。有一天，母亲忽然听懂了，她板着脸严肃地说：“不要胡思乱想。”

这是生命最早最早对于孤独感的询问。我感觉到这种孤独感，所以发问，却立刻被切断了。因为在儒家文化里、在传统的亲子教养里，没有孤独感的立足之地。

我开始变得怪怪的，把自己关在房间里，不出来。母亲便会找机会来敲门：“喝杯热水。”或是“我炖了鸡汤，出来喝。”她永远不会觉得孤独是重要的，反而觉得孤独很危险，因为她不知道我在房间里做什么。

对青春期的我而言，孤独是一种渴望，可以让我与自己对话，或是从读一本小说中摸索自己的人生。但大人却在房外臆测着：这个小孩是不是生病了？他是不是有什么问题？为什么不出来？

从这段话我们可以看出，随着岁月的流逝，我们逐渐地长大，也开始思考一些原来不曾涉及的问题，青春期的我们好奇心增强，对社会不了解但充满向往。此时的我们辨识能力和自控能力还有所欠缺，容易受外界事物的诱惑和欺骗，这些都会导致我们观点的偏执和行为的偏差。我们往往会我行我素，不听父母的劝告，选择一些自己认为是正确的、应该做的事情去做。

同时，父母固执地用原来的眼光来看待我们，用原来的思维模式来打量我们。父母和我们之间又很少沟通，即使有沟通，很多时候也是停留在形式上，缺少感情和精神上的互动交流。父母只顾自己的说话方式和感受，只是片面地命令，缺乏对我们的理解和倾听。而我们很多时候也对父母的沟通意愿置若罔闻、不理不睬，不顾父母的良苦用心而对他们发脾气。这样的结果就是双方的想法得不到有效的沟通、交流，父母不明白我们在想什么，而我们也不对父母说明自己的想法，双方就会逐渐冷漠，甚至出现怨言和对立，这也导致了相互间的隔阂。如果不能很好地去打破这种隔阂，必将使我们与父母间产生一条很宽的鸿沟，让我们陷入孤独中。

师生关系

曾经，老师在我们心目中的形象是那么的高大，似乎老师说的一切都是正确的，老师叫我们往东，我们绝不会往西。为了能得到老师的关注，我们甚至会时常委屈自己，得到老师的青睐也似乎成了我们努力学习的动力。但这一切，不知道从什么时候开始发生了变化，我们和老师间开始出现了矛盾。

师生之间的矛盾随着学生年龄的增长会越来越普遍，越来越明显，甚至会随着学生的知识、独立意识与自尊心理的进一步增长而增长。这种矛盾有的可能在短时间内消失，有的可能越发展越严重，以致形成偏见或成见，引发学生的逆反情绪，出现对立、顶撞、僵持的局面。

师生之间出现矛盾的原因是多方面的，调查表明，以下六个方面是最常见、最主要的原因。

1. 学生犯了错误或有了过失，受到老师的批评，而学生并未认识到问题的严重性，对批评不服，当面顶撞老师，背后谩骂老师，更有甚者与老师动手。

2. 对老师的决定、做法有不满，或者觉得过分严厉，或者认为不够公平，特别是自认为自尊心受到伤害、自身利益未能得到维护的情况下，对老师有意见。

3. 受同学的影响，对某些老师有看法甚至暗地形成了偏见，所以也常常流露出对个别老师的不满。

4. 评价尺度的冲突，即师生对事物的是非、善恶、美丑、好坏等评价标准各异。一旦师生双方产生分歧甚至对立时，矛盾冲突就产生了。例如，一些学生喜欢把头发染成红色、棕色，在他们心目中此举是追求时尚，而在教师心目中此举却是不健康的，因而引发矛盾冲突。

5. 对传统教师观的不满，即传统的师道尊严与学生渴望民主自由的愿望要求的冲突。传统的教育思想认为，学生应永远从属于教师，所谓“一日为师，终身为父”。传统的教师观中教师难以容忍来自学生的反对意见，一旦教师的权威与尊严遭到来自学生的挑战，那么冲突就在所难免了。

6. 不正常情绪引起的师生冲突。人在不良情绪和不健康的心态下往往会把平时不值得追究的问题看得过重，把平时简单平和的问题看得极端复杂。例如，一个学生与班主任老师发生了口角，此时，另一个老师赶上了此事，上前劝导了该学生几句，这个学生误以为这个老师帮班主任的忙，与两个老师同时发生了冲突。

老师，一个曾经多么神圣的词语；老师，一个曾经多么伟岸的身躯。但随着我们年龄的增长，曾经的权威们也开始让我们质疑，与老师的矛盾也开始逐渐激化。不信任、冲突会不时地出现，相互之间也开始出现巨大的裂痕……孤独开始来袭！

伙伴关系

随着年龄的增长，我们的自我意识、独立欲望、自尊心逐渐增强，开始渴望与伙伴间的人际交往。同时，我们的心理发育尚未成熟，对事物的看法易产生偏激，对生活、学习中发生的冲突和矛盾不能恰当处理，存在许多有碍交往的心理问题。这些很容易导致我们人际交往困难，进而让我们陷入孤独中。当前的我们在与朋友交往中主要存在以下几个方面的不足。

错误的交友观念

（1）对友谊存在错误的认识

很多时候我们往往无原则、无理由地非常重视友谊，很渴望有一个肝胆相照、荣辱与共的知己。于是我们便在自己认定的知己标准之下，一厢情愿地在同学中找到那么一位，认定此人便是自己永久交往的知己。之后就尽可能地与之形影不离，而且无所不谈、情谊融融。

可是，终有一天会出现自己的看法不能被对方理解或对方对自己有所隐瞒的情形。此时，我们便很容易心灰意冷，出现心理失衡，觉得这个世界一个朋友也交不到，觉得自己很失败，失去了对人际交往的信心，甚至把自己封闭起来。我们不能用客观的、发展的眼光看待周围的人和事，不懂得求同存异，对友谊存在错误认知。对他人要求绝对化，是我们的错误所在。

这种想法的存在说明我们在人际交往的过程中忽略了非常重要的一点：友谊是在日常的学习、工作中经过多次交往实践形成的志趣相投、性情融洽的人际关系；交往中出现挫折、摩擦和意见不一致是正常的，获得友谊的关键是懂得如何化解矛盾、相互谅解。

(2) 对朋友盲目地讲义气

正处于青春期的我们很多时候都很在乎哥们儿义气，为了表现义气，不分青红皂白两肋插刀，甚至“一方有难，八方支援”。例如，哥们儿逃课了，老师点名的时候帮助其蒙混过关；哥们儿被人欺负了，就会群起攻之，结果通常是害人又害己。

人际交往的过程中，能替人着想是件好事，但是如果我们太过于盲目，好事就可能变成坏事。我们需要学会辨别事件的性质，朋友确实有困难时，我们应该鼎力相助。但朋友干了坏事时，我们应摆正自己的位置，及时地制止，避免事情朝着更坏的方向发展。

我们中的许多人生活自理能力差，加之在离家较远的地方上学，各种困难会时常出现。比如，花钱如流水，生活费花光了就向自己的朋友借，以为“对朋友不必客气”，还钱的事根本不放在心上。一两次还行，朋友至少不会表现出不快，可时间长了，次数多了，朋友难免会撕破脸。

在与朋友交往的过程中，我们应该清醒地认识到一个问题，那就是任何亲密的朋友间都应留有距离，各自有自己的私人空间，相互之间应尊重。“过多的不客气”会打破人际交往中的平衡，让对方感受到自己的空间受到了侵犯，没有被尊重，使友谊产生裂痕。

(4) 只结交比自己强的人

在应试教育机制及许多社会不良价值观的影响下，有的同学特别看重他人学习成绩的好坏和家庭背景如何，崇拜、结交学习成绩好和家里有钱有势的同学，鄙视、冷淡学习差又没钱没势的同学。于是，对比自己强的同学想方设法地巴结，对不如自己的同学则冷眼相对。结果，班级中出现不同小群体互相排斥甚至攻击的情况，这些都会给我们的人际交往带来不好的影响。

人际交往是因朋友彼此的吸引而在一起，结交朋友不能太过于势利，让交友变得功利化。不同类型的朋友会让我们变得更加的成熟和富有魅力；相反的，交友时过于势利只会让我们遭受他人的排斥，让我们周围的朋友越来越少。

不良个性的影响

（1）独立性差

受国家计划生育政策的影响，我们中的大多数人为独生子女。作为家庭中唯一的年轻一代，我们承担着家长的全部期望。除了让我们学习以外，家长们什么事情都包办，使我们过惯了衣来伸手、饭来张口的生活。这让我们很多时候独立性不够，遇事缺乏主见，不能够合理安排自己的时间，不会料理自己的生活等。同时，在家庭中，家人能给我们提供必要的保护，避免遭受来自外界的危害，但过度的保护会让我们心灵脆弱，难以承受人际交往中的挫折，影响与他人间的交往。

(2) 自私心重

作为家里独生子，父母都把我们视作掌上明珠，对我们呵护有加，爷爷奶奶、外公外婆更是把我们视若珍宝，家庭中所有人都围绕着我们转。这也让我们总是站在自己的角度去思考问题，很少能够去换位思考，替别人着想，自私心较重。

(3) 容易冲动

正处在青春期的我们，很多时候情绪缺乏稳定性，遇事爱冲动，不能够冷静地处理、换位思考，常常为一点小事争得脸红脖子粗，甚至大打出手，这给我们的人际交往带来极大的损害，让我们落得个“孤家寡人”。

(4) 嫉妒心重

受自身成长经历的影响，我们中的一些人嫉妒心重，对学习上、能力上优于自己的同学不能容忍，甚至进行人身攻击。强烈的嫉妒心使我们害怕有人超过自己，时刻对他人保持着极强的戒备心。偶尔有同学求教学习问题，我们也往往避而不谈。偶尔犯了错误，我们也可能选择让我们嫉妒的对象来承担我们所犯下的错误，以取得自己的心理平衡。在自己经过努力后仍然不及同学的情况下，便肆意地发泄自己的不满情绪。到头来只会搬起石头砸自己的脚，不但没有进步，而且会失去所有朋友。

(5) 缺乏交往技能

我们要想有好的人际关系、获得真挚的友谊，首先要有坦诚的态度，其次必须掌握必要的交往技能，如礼貌待人、严于律己、宽以待人等。但我们受制于生活经历尚浅，普遍缺乏交往技能，常常使人际关系受到无端的破坏。比如，有些时候我们本着“良药苦口益于病，忠言逆耳利于行”的态度，对朋友说出尖酸刻薄之言，将朋友吓跑；有些时候我们爱玩小聪明，举止清高，动不动对同学或朋友报以藐视的微笑，这样朋友自然也不会多；有些时候我们认为朋友间可以无话不谈，于是说话不分场所、无所顾忌，经常说些脏话或不恰当的话，很容易使朋友感到尴尬；有些时候我们认为“打是亲骂是爱”，喜欢动手动脚，动不动就掐人一下、踢人一脚，导致朋友的反感。

总之，我们在交往中会存在着这样或那样的问题，这些问题的存在时刻威胁着我们与伙伴间的关系，一不小心就会让我们陷入人际交往困难的旋涡中，让我们难以自拔，失去朋友的同时，也让我们变得孤单。

两性关系

进入青春期，我们会普遍表现出一种特有的情感体验，那便是对异性的向往。和与同伴间的交往一样，青春期正常的异性交往也会对我们产生许多积极的影响。

两性交往的积极因素

智力、性格上取长补短。男女有别是千真万确的。除生理上的差异外，其他方面也存在着巨大的差异，如性格与气质方面：男性粗心、果断、有独立性、大胆决断等；女性细心、敏捷、有耐心、缺乏决断等。

心情上愉悦，互相激励前进。我们在与异性交往中会对异性产生神秘、好奇、向往的心理感受，同时，也自然产生接近异性的心理倾向。因此满足这种心理，会使人建立愉快、轻松、美好、和谐的关系，使男女双方精神焕发，感受到激荡心灵的愉悦感，从而激发内在的积极性和创造力。

有益于性格的培养与发展。生活中，既与同性交往，又与异性交往，我们的性格便会逐渐豁达开朗，情感体验较为丰富，个人意志也变得坚强。

增进性心理健康和日后处理婚恋问题的能力。男女生交往，可满足我们的心理需求，达到性心理平衡。我们在正常的交往中积累异性交往经验，便能较好地区分友谊与爱情，更稳妥地把握好自己的情感。

坦然面对异性交往

我们在学习、生活的过程中，产生接近和爱慕异性的心理需求是很自然的，但受制于自身心理的不成熟，我们在与异性交往的过程中，容易陷入以下误区。

1. 从单纯、外露的情感转变为含蓄而内向的感觉。

2. 从融洽的异性交往转变为敏感、多疑、微妙的“被爱的错觉”。

3. 从直白的语言沟通变为书信传情或语言及表情暗示。

以上的误区让我们很多人都容易陷入暗恋中，对异性同学的爱慕与无奈的自我约束之间的矛盾，导致了暗恋中强烈的自责感，甚至罪恶感，并进一步给正常的异性交往蒙上了一层灰色的面纱。

因此，我们在与异性交往时，应该努力做到以下几点。

第一，要端正态度，培养健康的交往意识，淡化对对方性别的意识。思无邪，交往自然就会落落大方。

第二，要广泛接触，避免个别接触，交往程度宜浅不宜深。广泛接触，利于我们认识、了解更好的异性，对异性总体把握，并学会辨别异性。

第三，交往关系要疏而不远，若即若离，把握两人交往的心理距离，排斥让彼此感到过于亲密和引起心绪波动的接触。

第四，要把握好“自然”与“适度”两个原则。所谓“自然”——在与异性交往过程中，言语、表情、举止、情感流露以及所思所想做到自然顺畅，既不盲目冲动，也不矫揉造作。所谓“适度”——与异性交往的程度和方式要恰到好处，应为大多数人接受。

异性交往的行为准则：男女之间的交往，要相互尊重，明确责任感，这是道德的基本规范，也是我们要遵循的行为准则。

适度距离

45cm～120cm

青春期男女要正确认识：男女有别

处在青春期的我们如何培养自己适应社会对两性角色的要求，如何看待两性在社会中的地位和作用，这些都是值得我们去好好品味和思考的问题。

（1）发掘女性自身的优势

优势：女性有较强的语言能力，较强的交往能力，较强的管理能力，女性比男性更细致，遵规守纪方面做得更好等。

女性注意：转变依赖心理、娇气心理，要自尊、自爱，不断提高并充实自我，找准自己在社会中适宜的位置。

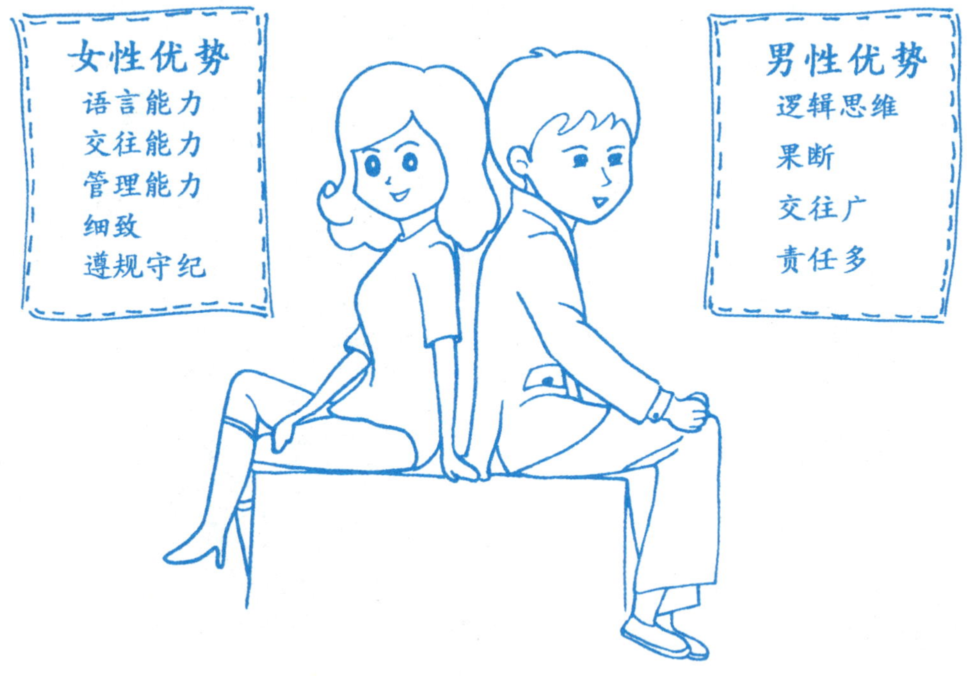

（2）正确认识男性的优势

优势：男性逻辑思维能力更强，做事更果断，交往面较广，承担更多的责任，心理抗压能力较强。

男性注意：克服“大男子主义”，不强求男性能做到的女性一定要做到，增强事业心、责任感，体贴别人，做生活中的强者。

(3) 培养刚柔相济的人格

刚柔相济的人格，既不是要求女性“男性化”，也不是要求男性“女性化”，而是强调“弹性”和“整合性”，培养男女应该有的特质，建立平等的两性关系。培养独立自主、积极进取、有责任感、有爱心、乐于付出等健康人格。

避免陷入“早到的爱”

所谓“早到的爱”，主要是指我们在没有任何心理与思想准备和接受爱的能力的情况下，便接到来自异性的爱的信息。

首先，青春期身体和心理的一系列变化，使我们渴望与异性交往。流行文化的不断轰炸，趁机充斥了我们的思维想象空间，对我们产生了巨大的影响。

其次，青春期的我们自我克制能力、鉴别是非能力相对较弱，加之父母可能不合理的教养方式以及传统思想的束缚，自身价值感低，对家庭、学校失望，失落感增强，进取心下降，转而向异性寻求心理的安慰。

再次，家长不能正确对待异性交往，不经调查便盲目地怀疑，以简单、粗暴的行为加以制止，造成我们的逆反心理，加剧我们与异性交往的进程。

最后，升学压力大，思想孤独，两性间易产生相似的感受，认为“世界上只有你能理解我”，从而陷入情网，不能自拔。

我们应该明白，爱情绝不是简单的男女私情，它是人类最高级、最美好、最神圣、最纯洁的一种情感。它需要相爱的双方以无私的奉献精神和高度的责任感去培养它。它是成熟(包括生理和心理)的男女做出的严肃而负责的选择，如果没有一定的责任感和经济基础，是很难享受爱情的甜美的。

网络关系

网络是我们这个时代的特殊产物，从它出现的那一刻开始就让我们的生活发生着翻天覆地的变化。它改变了我们传统的沟通和交往模式，我们即使足不出户也可以在网上通过E-mail、各种即时聊天工具与人进行交友、进行交流。在这个过程中，我们多了许多的虚拟朋友——网友。但他们的出现似乎并没有减少我们的孤独感；相反的，让我们在网络的漫游中变得越来越孤独。

“在网上，没有人知道你到底是谁”，这是我们在网络漫游的过程中常抱有的一种想法。正是这种在网上的“身份丧失”，使我们倍感网络的随意、自由。网上的相互攻击、谩骂，不受约束的“网恋”“网婚”，大量的色情刺激等都容易使我们对情绪的认识产生错位，严重的还会造成情绪障碍。

很多时候我们会将网络中培养出来的任性、放纵、撒谎、不负责任、不守规矩等习惯，迁移到现实社会中。网络的出现让我们中的很多人陷入其中不能自拔，出现网络成瘾、情感冷漠以及网上暴力等问题。网络成瘾者上网后精神极度亢奋并乐此不疲，长时间沉溺于网络，上网后行为不能自制，并时常出现焦虑、忧郁、人际关系淡漠、情绪波动、烦躁不安等现象，对外界刺激缺乏相应的情感反应，对亲友冷淡，对周围事物失去兴趣，面部表情呆板，内心情感缺乏，严重时对一切都漠不关心，认为暴力并非都是违法行为，甚至崇尚暴力。这一系列情况的出现会让我们越来越孤独。

3. 孤独：难以承受之重

我们都渴望着自己能扮演更重要的角色，以此来获得别人的肯定，得到别人的认可，殊不知在获得这些的同时，我们却要默默地承受着无尽的孤独。

负有盛名时

商人的秘诀

话说有一位商人，他有着很强的营销能力，但他做了一件让人匪夷所思的事情。从某一时刻开始他将自己的销售额一直压在某一基准线上，既不会太高也不会太低。

这一做法让很多人不解，直到有一天他自己道出了不多赚些钱的天机，“刚开始的时候，销售额的增加，不论是公司还是个人都赚了不少钱，每月的赢利总额总会比其他同业者高出百分之十，多的时候甚至超过百分之三十。这是自己努力的成果，所以特别的高兴，也体会到了巨大的成就感。但是，从那个时候开始，同行们开始莫名其妙地避开我，他们认为‘你一个人就能有所成就，无须我们的协助……’于是，我抑制了自己的销售总额”。

现代社会，各种选秀节目越来越多。从最开始的《超级女声》《快乐男生》，到最近火爆到不行的《中国好声音》《中国最强音》，他们孕育出了一个又一个让我们这些少男少女们羡慕的明星。我们也期望有朝一日可以像他们一样站在舞台的中央，汇聚万千的聚光灯和粉丝们狂热的欢呼。

但在我们幻想的同时，不要忽略了一些事实：为了今天的成功，他们无一例外都付出了巨大的努力，不断地学习、训练，不断地接受各种各样的考验。更可怕的还不止于此，在他们发光发热的日子里，他们的肩上还有比努力更重的担子。他们集中了全国

人的关注，在电视、广播、报纸杂志、网络等各种媒体上被大力地宣传着。他们可以说是站在光荣的顶点，但是登上这个光荣的顶点必须付出很大的代价。对他们而言，成功以后的日子，才是真正的考验。他们要谨言慎行，自己的每一句话，每一个动作、行为都可能被无限地放大，甚至被人曲解、误会，造成难以挽回的后果。简单地说，得到明星宝座的那一刻，就是孤独生活的开始。

担负重任时

麦迪时刻

2004年12月9日，在美国职业篮球联赛的一场常规赛中，火箭队主场迎战马刺队，火箭队球星麦克格雷迪在比赛最后35秒投中3个3分球外加1个三加一，狂砍13分，

帮助火箭队神奇般地以 81∶80战胜马刺队，从此以后，美国职业篮球联赛有了一个新名词，叫作“麦迪时刻”。

伴随着火箭的胜利，麦克格雷迪的名字也被载入了美国职业篮球联赛的史册，球星在比赛中的作用也被人们所充分地认识。他们能在关键时刻扛起球队的重担，决定着比赛的胜负。重任在肩可以让他们得到崇高的地位，获得别人的尊重。但试问，一个球队之中或一个群体里面能有几个人能承担这样的重担，就像“麦迪时刻”一样，如果那么容易地就发生，有十个、百个甚至更多的人做到，也就不会让人们如此铭记在心了。所以，作为组织的领袖是要承担重任的，而这份重任是没法与人分享的，只能独自默默地承受着。

保守秘密时

李蜜的烦恼

李蜜在一家外企供职，长相甜美、性格活泼开朗的她喜欢和公司的同事打成一片，玩在一起，逛街、聚会、唱歌都会看到她靓丽的身影，在众人眼中她就是个人缘极好的《开心果》。

李蜜所在的公司每年都会对员工进行考核，挑选其中的优秀者到国外进修和学习。今年的考核，李蜜凭借自己良好的素质和优异的表现得到了管理层的一致认可，大有希望到国外进修学习，可人力资源经理的一番话打碎了她的梦想：“李蜜，你的综合素质非常不错，本应该派你到国外去进修，但公司的董事会认为像你这样的人才，不应该去留学，而应加以重用。所以提供了一个更好的职位给你，今年就暂时别去留学了！”这番谈话一下子让李蜜的心情降到了冰点，她朝思暮想的留学，却因为经理的一番话失去了出国的机会。

数日后，一件让李蜜更为惊讶的事情发生了，她被任命为总经理秘书，相对于出国而言，这一职位更实惠，也更有发展前景。在李蜜还来不及高兴的时候，新的烦恼又出现了——公司大量的商业机密、人事机密不断地进入李蜜的耳朵中，但是这些又是不能告诉他人的。原本开朗活泼的她变得少言寡语，与人嬉笑打闹也成了历史，更糟的是同事们开始疏远她，关于她的流言也开始在公司慢慢地流传。从此，李蜜孤独地守着公司的秘密，默默地在公司工作着。

一个人总有一些纯属个人私事的东西，这些“隐私”往往不宜扩散，只能在自己与挚友之间“你知我知”。这些隐私包括伤心的事，包括快乐的秘密，也包括生活的缺陷、个人的恩怨，等等。

早从小学时代起，我们就开始在一定范围内向别人保密了，就是对最亲近的父母也不例外。但是我们心头的秘密，却可以向要好的同学、朋友公开，只是，有一个条件：“秘密”告诉了你，你就得为我保密，不然，以后我就再也不会把秘密告诉你了。这种向朋友吐露秘密又要求朋友保密的倾向，随着年岁的增长，愈来愈强烈。

一些个人“隐私”，自己闷在心里实在难耐，于是就会向知心好友倾吐，目的是为了赢得朋友的同情、爱怜，让其帮助自己出点子、想办法。假如，好友将他的苦衷告诉了我们，我们却把这些“悄悄话”公之于众，那么会引发什么样的后果呢？朋友伤心不说，可能还会引起意想不到的连锁反应，引发系列风波，平白无故地制造出人为矛盾，而自己的形象也蒙上一层阴影。

朋友把自己的“隐私”告诉了你，即使没有叫你保密，也表明了他对你的极度信任。对此，你只有为他分忧解愁的义务，而没有把“隐私”张扬出去的权利。如果张扬出去，势必会失去朋友的信任，以后人家就再也不敢也不愿把自己的“隐私”告诉你了，而你也就成为一个严重失德的人。

心理学家认为，对于一个人来说，保守秘密的能力是他在社会中健康发展的基础，同时，心理学家认为保守秘密的能力居于一个人心理健康发展的最中央位置。儿童在6到7岁时就学会不要提前泄露送给妈妈的礼物。研究者们还发现，保守秘密的本事能加强一个人的吸引力。

很多时候我们喜欢窥探他人的秘密，会觉得比他人了解更多的秘密是一件值得炫耀的事情。好好回忆一下，当你所了解的秘密不能告诉别人的时候是一种什么感觉呢？为了保守秘密，我们是不是会选择与他人保持一定距离，甚至会过分地去怀疑他人言语背后的动机，这样做的结果就是让我们与他人的距离越来越远，孤独也就随之出现了。

群体压力时

进入青春期的我们，需要伙伴，需要朋友，为了避免孤独，我们会选择进入一个群体之中，以为这样我们就不再孤独了，但事实真的如此吗？

人天生就有一种对被社会孤立的恐惧感，“趋向于一定的群体是人的一种生存方式，当个人被他所在的群体所排斥时，通常会体验到莫大的痛苦，群体对它所属的成员具有一种力量”。如果个人对群体的一般状况产生偏离就会面临强大的群体压力甚至

受到严厉的制裁，这使得群体中的人产生合群的倾向，只有与群体保持一致才能消除个体的不安全感。在群体中，我们时常会感到自己被湮没在群体之中，自己的个人意识和理解、评价感丧失，个体的自我认同被群体的行动与目标认同所取代，个体难以意识到自己的价值与行为，自制力变得极低，结果导致我们可能会加入到重复的、冲动的、情绪化的，有时甚至是破坏性的行动中去。

阿希实验

社会心理学家所罗门·阿希在1955年~1956年开展了“线段实验”。这次实验的被试只有一个人，其他的七名被试都是为配合实验而故意安排的助手。给被试者两张卡片，一张上有一条线，另一张卡片上有三条长度不同的线，然后让被试者说出三条线中哪一条与另一张的那一条线长度相同，表面上是调查被试者对线段长度的判断，而阿希真正感兴趣的是在群体压力介入的环境下将会出现什么情况。

于是阿希让助手被试在几次正确地判断之后，故意给出错误的答案，然后观察真正被试的反应。实验结果让人惊讶，超过30%的被试都屈服于小组的压力而做出错误的判断，同时可以观察到被试在屈服于群体压力的过程中伴随着激烈的内心冲突。

阿希的实验向我们表明：有些人情愿追随群体的意见，即使这种意见与他们从自身感觉得来的信息相互抵触。群体压力导致了明显的趋同行为，哪怕是以前人们从未彼此见过的偶然群体。

群体为人们的个体行为提供了参照，我们倾向于相信多数，认为他们是信息的来源而怀疑自己的判断，因为我们会觉得，多数人的意见是正确的概率比较大，在模棱两可的情况下，尤其如此。群体给予个体的归属感和自我同一性使得个体产生维护群体形象的心理，因此，个体的行为表现会与心目中的归属群体的标准保持一致。所以，实际的群体压力可以导致从众，想象上假设的群体优势倾向，也会对人的行为造成压力，使人选择与设想的多数人倾向一致的行为。在从众的过程中，我们选择了和群体保持一致，也丧失了自己，孤独也因此孕育而生。

遭遇背叛时

露露的遭遇

露露生活在一个离异的家庭，父母的不和让露露变得有些沉默寡言。她始终坚守着父母离异的秘密，直到兰兰的出现。兰兰是个性格开朗的女孩子，也爱帮助人，老师看到露露有些沉默寡言，就把她和兰兰的座位安排到了一起。兰兰的开朗和热心打动了露露，渐渐地，她们成了无话不谈的好朋友。向兰兰敞开心扉的同时，露露也把自己的小秘密告诉给了兰兰，在露露看来，兰兰是自己的好朋友，是值得信任的，她不会将自己的秘密告诉别人。

有一天，露露从外面回到教室，听到自己的名字被讨论着，便驻足听了一会儿，这时不知道谁冒了一句：“我就说呢，原来她的父母离婚了啊！”露露像遭受雷击一般，头脑阵阵眩晕，自己的小秘密居然成了他人的谈资。如果说有人泄露秘密，除了兰兰还

有谁？瞬间，露露心中的友谊大厦轰然倒塌，取而代之的是对兰兰的愤怒和对友情的绝望。“我还能信任谁吗？”露露不断地问着自己，被背叛和失去朋友的孤独悄然地涌上心头。

青春期的我们因为害怕孤独选择了结交朋友，朋友的存在是我们远离孤独的良药，但朋友的背叛，特别是知心朋友的背叛，哪怕是无心的背叛，都会让我们产生不信任感，孤独也就在所难免。

4. 孤独：成功与失败的副产品

成功让我们所有的人都心驰神往，失败让我们所有的人都避之不及，但这二者有一个共同点，他们都有一个副产品——孤独！

遭遇失败时

小强遭遇考试失败

在过去，小强视考试如拈花般轻松，但如今小强不得不被残酷的现实拉回到起跑线上。一个让小强想都不敢想的分数活生生地写在数学试卷上，小强不相信，揉一揉眼睛，以为自己看花了眼，但真的是67分。一瞬间，泪水如钱塘江的潮水般一涌而出，势不可当，揩了又流，流了又揩。67分，小强从未考过这么低的分数。“唉！可怎么对得起父母和老师那期待的目光，我的天！”小强拿着试卷无助地感叹。

拿了试卷，回到家里，小强本想找父母好好地倾诉一番，说说自己心中的委屈，可父母却狠狠地批评了小强一顿。小强无言以对，因为他考砸了，考得一塌糊涂。伤心之余，小强静静地关上了房门，一个人默默地悲伤、流泪。

在人生漫长的道路上，我们总避免不了失败，考试、升学、交友都有可能让我们品尝失败的滋味。虽然有父母可以为我们遮风挡雨，但真正面对失败的时候，我们能做的只有独自去承受，独自去面对，个中滋味也只有自己能体会。由此我们可以看到，孤独和失败好像是一对孪生兄弟，我们面对失败，就得承受孤独。

享受胜利时

我们每一个人都有好胜之心，都希望在家庭里得到父母的肯定，在学校里得到老师、同学们的肯定，在交往中得到伙伴的赞扬，这也成了我们努力的动力。但很多时候我们发现，真有那么一天，当我们得到了家人的肯定，同学、伙伴和老师的赞扬的时候，自己身边的朋友却越来越少，原来可以全心交流的伙伴渐渐疏远，原本敞开的心门也越关越紧。这一幕会让我们想起金庸先生对于独孤求败的侧面描写。

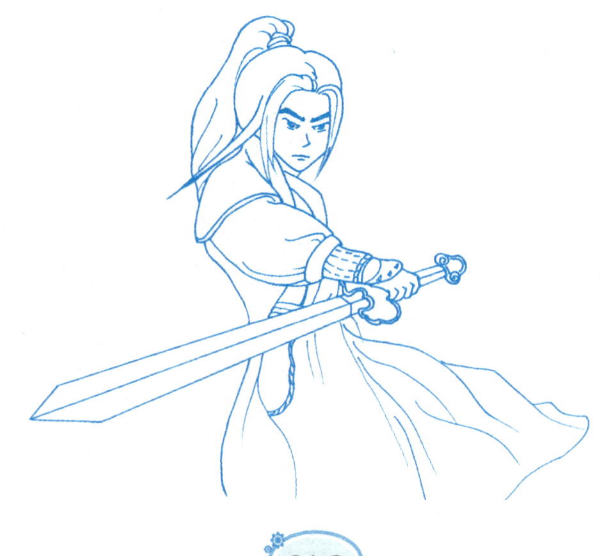

一人一剑行走天下，欲求一败而不得，英雄肃首，长剑空鸣，只好仰天长啸葬宝剑，神雕相伴度余生。已悟尽，剑中乾坤；只道是，寂寞无奈；乐往悲来，凄然伤怀。到最后，求败之难难于上青天，侧身西望长咨嗟！

独孤求败虽只是文学作品中描写的剑客，但他也真实地反映了我们现在很多人所面临的一个窘境，当自己站在胜利的顶峰“独孤求败”的时候，能够陪伴我们的也就只有那只“神雕”而已。所以谨记，胜利固然可贵，但一定要小心胜利的副作用——孤独。

5. 孤独：窗外的风景也不美好

当踏上开往异乡的火车，我们却没有欣赏窗外美景的心情，因为我们将到一个陌生的城市，重新面对一群陌生的同学，开始一段新的人生旅程。如果说这段旅程我们有一个伴侣，那就是孤独。

转学时

现代社会加速了人员的流动，父母的工作和生活的变化也在带动着我们生活的变化，其中非常重要的一项就是转学。原本使用的教材、课本变了，熟悉的学校、教室环境也变得陌生，更为陌生的是周围同学们上下打量的目光。此时的我们要承受巨大的

心理压力，心情也容易变得烦躁不安。在新的环境中，我们周围会有新的同学、新的面孔，但由于时间的关系，此时的他们还不是我们知心的朋友，还不能成为我们倾吐自己内心衷肠的对象，为此我们可能会彷徨、迷茫，连自身的学习也会受到或多或少的影响。久而久之，孤独的影子便会袭上我们的心头。

第三篇　直面孤独——与孤独say “Hello”

汤姆·汉克斯主演的电影《荒岛余生》中有这样一段情景：当他在岛上与世隔绝时，为了排遣自己的孤独感，他将排球视为朋友，还给它取名“威尔逊”。他会对一些物件进行“倾诉”，视他们为知心朋友。由此可见，建立良好的人际关系，与他人和谐地沟通和交流是我们摆脱孤独，与孤独说再见的最佳途径。要摆脱孤独的烦恼，我们需要融入群体中，用良好的亲情、友情来阻止孤独的袭扰。为了更好地融入群体之中，我们需要努力做到以下几个方面。首先，要学会做好自己，和善与人相处，乐于与他人分享自己的快乐，掌握人际交往的先机。其次，学习一些与人交往和沟通的技巧，提升人际交往的能力，做到事半功倍。最后，保持良好的心态，完善自己的人格，正确对待生活的经历，维护良好的人际关系。

1. 做好你自己

要改变别人很难，改变自己却相对容易得多，我们要想摆脱孤独，和他人建立良好的人际关系，首先要做的就是做好自己。只有我们自己做好了，别人才会来接近我们，甚至为我们而改变。

待人和善

待人和善其实很简单，主动地说声“请”“对不起”“谢谢”，均可以表达出我们的善意，对方也能真切地感受到，并积极地进行反馈，我们自身的孤独也会因此而得到排解。简单地说，对别人亲切、和善，正是让我们摆脱孤独的第一步。很多时候我们吝啬于向他人表达我们的和善，而过多地去假设对方是否会感到不适，是否希望独处，丧失了表达善意的机会。鼓起勇气表达自己的善意，这是我们摆脱孤独的必由之路，其中所需要的勇气，也正是治疗孤独的“特效药”。

在表达善意的过程中，有个问题需要引起我们的注意：我们要避免自己的善意表现得太过于做作，而遭到对方的拒绝，简单地说就是让我们的善意能够自然地表露出来。这样做的首要秘诀就是要悄悄地，不使对方觉察出我们的表现是出于善意。

张丽巧化危机

张丽和路美是一个公司的同事，路美办事干练，为人谦虚，深得张丽的好感。一次，路美将一份文件误寄给客户，遭到了客户的投诉。“我和你说过多少遍了，寄给客户的文件要进行仔细的检查，要做到万无一失，怎么还犯这种低级错误！”经理开始斥责路美，甚至开始咆哮。委屈的路美情绪非常低落，两眼泛出泪花。就在此刻，张丽走了进来，扬了扬手中的文件夹，大声地说道：“经理，这里有份紧急文件需要你签一下……”就这样，张丽很巧妙地打断了经理对路美的斥责。

这种做法很高明，在无形中化解了路美的危机。虽说这样的场景离我们还很遥远，但它给了我们一个启示，向他人表达自己的善意要化于无形，在不经意间进行传达，防止刻意地去表达，留下做作的痕迹，引来他人的反感，真正做到“随风潜入夜，润物细无声”。

己所不欲勿施于人

我们可能经常会抱怨，今天的孤独不是我们自己造成的，都是他人的原因，是他人不够包容，不能够接纳自己。尝试着检视一下自己，我们在抱怨别人的同时，我们自己都干了什么？我们是否有一套自己的择友标准？是否按照标准在严格地挑选自己的朋友？当他人的行为、言语和我们自己的标准冲突的时候，我们是否能够做出让步？要摆脱孤独我们要学会“己所不欲勿施于人”。自己都不愿干的事情不要强迫他人去做，要懂得与他人分享，要学会给予。

所谓“己所不欲勿施于人”，就是用自己的心推及别人，自己希望怎样生活，就想到别人也会希望怎样生活；自己不愿意别人怎样对待自己，就不要那样对待别人；自己希望在社会上能站得住、能通达，就也帮助别人站得住、通达。总之，从自己的内心出发，推及他人，去理解他人，善待他人。“己所不欲勿施于人”简单地说就是推己及人，它和咱们平时常说的“将心比心”“设身处地为别人想一想”指的都是一个意思。

为什么有人会如此友善地考虑到其他人呢？真正的原因是：你种下什么，收获的就是什么。 播种一个行动，你会收获一个习惯；播种一个习惯，你会收获一个个性；播种一个个性，你会收获一个命运；播种一个善行，你会收获一个善果；播种一个恶行，你会收获一个恶果。

你有权利不公平地对待其他人，但你这种不公平的态度，将会使你“自食其果”。而且，进一步说，你所释放出来的每一种思想的后果，都会回报到自己身上。因为你对其他人的所有思想，都经由自我暗示全部记录在你的潜意识中，这些思想的性质会体现在你的个性上，而个性相当于一个磁场，会把和你个性相同的人或情况吸引到你身边。

“己所不欲勿施于人”这句话看似容易，实际做起来却不简单。因为我们总是“严于律人，宽以待己”，对别人按标准办事，对自己却总能够网开一面。在思想上一定要克服这种不良习惯，用同样的标准对待自己和他人。另外，要学会与人分享你的拥有，很多时候一旦我们拥有了，就可能会产生私欲心理，选择保密，不让人知道。想一想，这样做，对我们自己有好处吗？或许有，但它只是表面的、暂时的。若能学会与人分享，那么助人者人恒助之，别人有了可以共享的东西，也会与你共享。你也许担心好心没好报，如果对方是个自私主义者，他不选择投桃报李呢？不用担心，你并不会因此产生什么损失。况且，这种人毕竟是少数，绝大多数的人是知恩图报的。像这种利人又利己的事情，我们应该当一个习惯来培养。有了这样的好习惯，往往会有意想不到的收获，这些收获正是摆脱孤独的“特效药”。

分享你的快乐

分享能带给人们精神上的充实与快乐。分享是一种大智慧，懂得分享的人能收获高于常人几倍的快乐。比尔·盖茨曾说：“每天清晨当我醒来，我便思索着如何与他人分享我的快乐，因为那会使我更快乐。”盖茨的确如其所言做到了分享：他与世人分享他最新的研发成果，他与社会分享自己的财富。他在分享中得到了人们的敬重，在敬重里获得了更多的快乐。不会分享的人只能在以自我为中心的小圈子中自以为“幸福”地度过每一天。没有分享，便不能开阔心胸，而心胸狭隘如何能有真正的快乐？分享就似一种催化剂，有了它便可以催生出更多的幸福与快乐。培根说过：“如果你把快乐告诉一个朋友，你将得到两份快乐。”通过努力能让别人与你一样快乐，本身就是一件快乐的事。

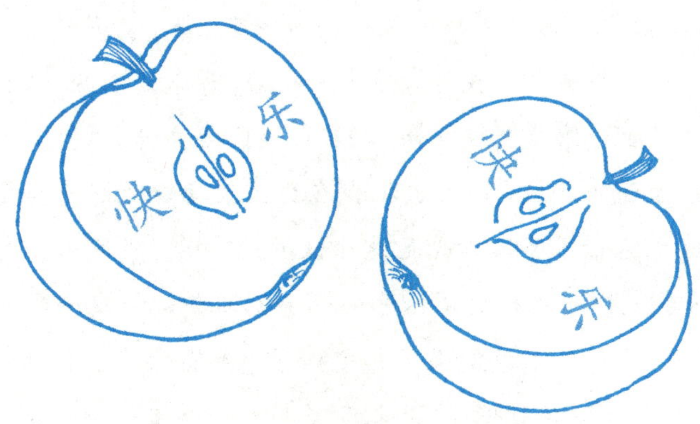

快乐是可以分享的

一个星期天的早上，姑妈一大早就提着新鲜的橙子来看我，捧着诱人的橙子，我兴奋不已。我一边吃着鲜甜的橙子，一边在公园里玩耍。

突然，一个穿着蓝色T恤的男孩出现在我的眼前，那个男孩蹲在一棵大榕树下，衣服的袖子上被什么东西弄脏了。我好奇地走近一看，原来是小明，我们是邻居，也经常一起玩。不过他的样子好像是哭过一样，我友好地问他为什么哭，可他就是一声不吭。

我把手中的橙子递给了他，同时也把我在公园里玩耍的好笑场面讲给他听，小明原本无精打采的脸上露出了笑容。见他这么认真地听着，我便更加卖力地讲，我津津有味地说着，同时我觉得自己也变得很开心。小明不断地问我一些问题，看来他也陶醉在我的快乐之中了。说完，我们还一起吃橙子，我们的手上都沾满了橙子的香味。这一天，我不仅吃到美味可口的橙子，还收获了与人分享快乐的滋味。

与人分享快乐，会让别人快乐起来，也会让自己更加快乐。

2. 学习技巧

与人交往，摆脱孤独，我们需要学习各种技巧，有了这些技巧，在与他人交往的过程中我们才能做到事半功倍。

掌握人际交往的原则

要摆脱孤独，最简单最直接的办法就是与他人建立良好的人际关系。在人际交往的过程中，我们首先应当掌握人际交往的原则。

尊重原则

尊重包括两个方面：自尊和尊重他人。自尊就是在各种场合都要尊重自己，维护自己的尊严，不要自暴自弃。尊重他人就是要尊重别人的生活习惯、兴趣爱好、人格和价值观。只有尊重别人才能得到别人的尊重。

真诚原则

待人要真诚热情。只有诚以待人、胸无城府，才能产生感情的共鸣，才能收获真正的友谊。没有人会喜欢虚情假意。一般情况下，交往双方总是先接受说话的人，然后才会接受对方陈述的内容。因此，对人讲话时，态度应该诚恳，要避免油腔滑调、高谈阔论、哗众取宠、垄断话题，否则会使人感到不愉快。实事求是、态度热情，往往给人一种信赖感、亲近感，这有利于交往的继续深入；反之，如果言不由衷、转弯抹角、态度冷淡，则给人一种虚假、冷淡的感觉，交往很难再深入下去。

宽容原则

在人际交往中，难免会产生一些不愉快的事情，甚至产生一些矛盾。这时候我们就要学会宽容别人，不斤斤计较，正所谓退一步海阔天空。人不犯我，我不犯人；人先犯我，礼让三分。不要因为一些小事而陷入人际纠纷，这样我们会浪费很多时间，同时自己也容易变得自私自利，变得渺小。

互利合作原则

互利是指双方在满足对方需要的同时，又能得到对方的报答。人际交往永远是双向选择，双向互动。你来我往的交往才能长久。在交往的过程中，双方应互相关心、互相爱护，既要考虑双方的共同利益，又要深化感情。

理解原则

理解是人际交往成功的必要前提。理解就是我们能真正地了解对方的处境、心情、好恶、需要等，并能设身处地地关心对方。有道是“千金易得，知己难求”，人海茫茫，知音可贵。善解人意的人，永远受人欢迎。

平等原则

与人交往应做到一视同仁，不应爱富嫌贫，不能因为家庭背景、地位职权等方面的原因而对人另眼相看。平等待人就应避免在待人过程中的盛气凌人，避免太过嚣张。平等待人就是要学会将心比心，学会换位思考，只有平等待人，才能得到别人的平等对待。

主动交往原则

在现实生活中，有许多人尽管与他人交往的欲望很强烈，但仍然不得不常常忍受孤独的折磨，他们的朋友很少，甚至没有朋友，因为他们在社交上总是采取消极的、被

动的方式，总是等待别人首先来接纳他们。因此，虽然他们同样处于一个人来人往、熙熙攘攘的世界，但仍然无法摆脱心灵的孤寂。要知道，别人是不会无缘无故对我们感兴趣的。我们要想赢得别人的尊重，同别人建立良好的人际关系，建立起一个丰富的人际关系世界，就必须做交往的始动者，让自己处于主动的位置。我们应少担心，多尝试。当你的成功经验越来越多，你的自信心也会越来越充分，你的人际关系也会越来越好。

关心帮助别人原则

患难识知己，逆境见真情。当一个人遇到坎坷、碰到困难、遭到失败时，往往对人情世态最为敏感，最需要关怀和帮助，这时哪怕是一个笑脸、一个体贴的眼神、一句温暖的话语，都能让人感到安慰，感到振奋。当别人遇到困难、陷入困境时，你能伸出援助之手，帮助困难者，安慰失意者，可以很快赢得别人的好感，建立起良好的人际关系；相反，如果对别人漠不关心、麻木不仁、小心吝啬、怕招引麻烦，交往很可能因此而中止。

掌握人际交往的方法

与他人的人际交往既是一项技术，也是一门艺术。能够合理地掌握与人沟通、交流的方法就能让我们在人际交往的过程中取得事半功倍的效果。

在人际交往中寻找共同点，求大同

人际关系的建立和改善，必须是建立在关系双方共同的利益与需要的基础上，在人际交往过程中，要清醒地意识到彼此需求的共振是双方的黏合剂。当然，共同永远是一个相对概念，每人的经历、使命和情绪各不相同，不能抱着求全的幻想。要有大将风度，切忌斤斤计较、患得患失。

知彼知己，因势利导

孙子说："知己知彼，百战不殆。"在交往过程中，要充分估计自己与对方在关系中所处的位置，了解对方的目的、要求、长项和弱点，估计自己能在多大程度上影响甚至改变对方的态度，根据对方的情况设计交往方案，行动时便能成竹在胸。

不过，计划难以预测变化。现代社会气象万千，变化无常，在与人交往时要适应节奏的变化，面对突发性事件，要学会稳定自己的情绪，调整原定方案，淡化紧张气氛。当自己处于不利地位时，要临危不乱，失意不失礼。对失意者更要周到，不能势利。

了解心态，把握情感，重在交流

人们常用对牛弹琴来讽刺不辨对象、不合时宜、盲目行动的荒唐做法。在与人交往中，应杜绝这种愚蠢之举。

交际是情感的交流，也是人的一种心理现象。复杂的人际关系常常使人在结交时悲喜交织，苦乐参半。一次交际中引起的苦恼，会影响另一次交际的情绪，造成情感表达的不适当，使预期目标流产。要避免这种状况，就要学会控制自己的情绪，及时地进行心境转换，同时摆脱对方情绪的影响，以一个玩笑或一句妙语去掉感觉上的不快。

相互交流是理解的桥梁。直接交往是建立感情的最有效的形式，即使宿怨较深，通过直接见面交往，也可消除误会，所谓“相逢一笑泯恩仇”。在面对面的接触中，双方没有中介物，可以更直接、方便和集中地表达各自的感情，使相互之间影响力增强。

形成良好的第一印象

在现实生活中，我们每一个人都知道，第一次留下的印象往往最强烈、最鲜明，可能会持续很长时间，甚至对交往能否成功起着决定性作用。“一见钟情”是第一印象产生吸引的典型例证。良好的第一印象是人际交往的资本。在充满竞争、讲求效率的现代社会，往往只需短短的几分钟，交往是否成功就可见分晓。此时，第一印象就成为交往成功的关键因素。俗话说，良好的开端是成功的一半。

那么，如何来塑造良好的第一印象呢？

（1）注意仪表。仪表是一个人内部思想的表现。

(2)注意谈吐。一个人有没有魅力和才气，最容易从讲话中表现出来。

(3)注意行为举止。一个人的行为、动作常常将他的气质、性格表现得淋漓尽致。

SOLER技术

为最初交往增加良好形象的“SOLER技术”。

S(SIT)：坐要面对别人；

O(OPEN)：姿势自然开放；

L(LEAN)：身体微微前倾；

E(EYES)：目光接触；

R(RELAX)：放松。

学会倾听

善于听别人说话比注意自己讲话更重要。在人际交往过程中，认真听别人讲话的人，在别人心目中都会留下良好的印象。试想，当别人不认真听你的讲话，你会有什么感觉呢？多数人说他们觉得自己被冷落了、没被重视、受到侮辱、厌烦等，进而影响人际交往。学会倾听要做到以下几点。

（1）要有正确的听的态度。专心地听，态度谦虚，用目光不时注视对方。

（2）善于用身体语言和口头语言给对方以必要的反馈，如在听的过程中用点头或“哦”“是吗”等向对方表示自己在认真地听，对谈话内容感兴趣。

（3）不要轻易打断对方的谈话。

在与他人交往的过程中，我们应态度诚恳，避免对他人撒谎，否则会给我们的人际交往带来极大的损害。但值得注意的是，事物都有两面性，谎言亦是如此。如果能够从善意的角度出发，巧妙地使用谎言替人解围、帮助他人倒是值得肯定的。

你是最美的

很久以前，有一个姑娘一生下来就瞎了眼。

黑暗是她唯一的主题，世间的美丽和丑陋她都无法得知。但她一直很快乐，因为母亲说她是村里最美丽的女子。而事实恰恰相反，她是村里最丑陋的女子。但她并不知道，她只相信母亲的话，所以，她快乐而骄傲地活着。

转眼间，姑娘到了出嫁的年龄，由于是瞎子长得又丑，所以村里没有一个人愿意娶她。经过母亲的寻找和游说，外村的一个断了一只手的小伙子同意娶她。

姑娘的母亲说，她只有一个要求，不准小伙子说姑娘长得丑，要夸奖姑娘是村里最漂亮的女子。小伙子一口答应下来。

母亲对姑娘说："孩子，我给你找了一个村里最英俊的小伙子。"

洞房花烛夜，姑娘问小伙子："娘说，你是村里最英俊的人，是吗？"

小伙子说："是的。"

姑娘又问："娘说，我是村里最漂亮的女子，是吗？"

小伙子响亮地说："是的。你是村里最漂亮的女子，我爱你。"

姑娘听了小伙子的回答，脸上泛起了羞涩的红晕。从此以后，姑娘活得更加自信了，自己是村里面最漂亮的女子，又嫁给了村里面最英俊的小伙子，还有比这更加幸福的事情吗？

又过了一段时间，姑娘的母亲去世了，而姑娘给小伙子生下了一个小男孩。

善良的小伙子从小男孩懂事起就告诉他，不能说自己的母亲长得丑，要说她是这个村里最漂亮的女子。

姑娘继续活在美丽的谎言之中，母亲的谎言、丈夫的谎言、儿子的谎言让姑娘的一生都充满了幸福和甜蜜。

在别人眼中，姑娘是一只"丑小鸭"，而姑娘自己却活得像一个骄傲的公主。这就是善意的谎言的力量。我们为亲情的伟大而感动，也为善意的谎言而感动。

有这样一句话：善意的谎言是美丽的。当我们为了他人的幸福和希望适度地说一些小谎的时候，谎言即变为理解、尊重和宽容，具有神奇的力量。出于美好愿望的谎言，是人生的滋养品，也是信念的原动力。它让人从心里燃起希望之火，确信世界上有爱、有信任、有感动，因而找到更多笑对生活的理由。善意的谎言，能赋予人灵性，体现情感的细腻和思想的成熟，促使人坚强执着，使人不由自主地去努力去争取，最后战胜脆弱，绝处逢生。但切记，即使是善意的谎言也不能经常使用，那样会让我们失去自己的信用与真诚，带来别人的猜忌。再则，谎言的使用一定是善意的，以帮助他人为目的，不能随着事情的进展而发生变化。

记住他人的名字

虽说记住他人的名字看似是一桩小事，但做到与否，效果却大不一样。你记得别人的名字说明你把对方放在了心上，这不仅有利于缩小双方的距离，促使沟通与合作得以顺利进行，也给对方留下好的形象与印象，更重要的是这代表着礼貌、礼仪和自身修养。如果你能花时间记住周围人的名字，记住日常生活中与你来往的各行各业的人的名字，你的人际关系就上了一个台阶。

记住这条规则：“一个人的名字，对他来说，是任何语言中最甜蜜、最重要的。”努力将每个与你有过交往的人的名字印在脑海里，时刻准备着在下一刻，当他们出现在你面前的时候，大声地喊出来。

喊出他人的名字

我们常会感到孤独，总希望有那么几个知心的朋友可以倾听自己的衷肠。拿起电话，却不知道打给谁，细细地想一下才知道我们忘记了对方的姓名和联系方式。一般人至少和五十个左右的人有所交往，然而当我们试着去拟一份熟人名单时，你会很惊讶地发现，能真正正确回忆出的姓名，竟是如此稀少。

美国成功学家卡耐基曾经说过：“世界上最美妙的声音，莫过于叫出对方的名字。”人只有在被呼唤的时候，才会去思索对方是何人。因此，希望自己的名字被别人所牢记，便应该先熟记别人的名字。每个人都对自己的名字特别敏感，通常情况下，如果你能叫出对方的名字，就会使对方感到亲切、融洽。记住对方的名字，并把它叫出来，等于给了对方一个很巧妙的赞美。

学会幽默

幽默是生活的调味剂，它使我们的生活变得丰富多彩。在人际交往中，诙谐幽默的言语是很受欢迎的。幽默地与他人相处，不仅能让你们之间变得更为宽容友善，也能展现你的风趣。它能活跃气氛，化解尴尬，还能消除矛盾，令事情更圆满。

莉莲·卡特幽默讽记者

莉莲·卡特是美国前总统吉米·卡特的母亲。一天，莉莲·卡特正在家料理家务。突然，一阵门铃声传来，她跑去开门一看，是一位记者。

其实，对记者的这种频繁来访，莉莲·卡特是感到很厌恶的，但是出于礼貌，她还是说：“见到您，十分高兴。”记者说：“您的儿子到全国各地去演讲，并告诉人们，如果他曾经对他们撒过谎，就不要选他。您能不能诚实地告诉我，您的儿子是不是从没有撒过谎？因为世界上再没有比您更了解您的儿子的了。”对于这种不友善的犀利问话，莉莲·卡特的回答是：“说过，那都是善意的。”记者又问：“什么是善意的谎言？您能不能给我下一个定义呢？万一不好下定义，举个例子也可以。”于是莉莲·卡特说：“比如说，您刚才进门的时候，我说‘见到您，十分高兴’。”记者听出了话中的讽意，十分狼狈地离开了莉莲·卡特的家。

卡特母亲的这句话，看上去虽然温和，但暗藏锋芒，巧妙地讽刺了咄咄逼人的记者，既回避了尖锐的问题，又成功地让记者知难而退。

幽默，有着它独特的效果，而很多人就是运用幽默诙谐的语言，对一些不友好的人做出善意的批评，减少不必要的麻烦。由此可以看出，幽默诙谐可以使我们用最平和的方式拒绝那些不友善的人，减少麻烦，让结果更加完美。

在生活中，有幽默的口才就很容易受到他人的欢迎，能让你备受信任和喜欢。有人说：“没有幽默感的语言是一篇公文，没有幽默感的人是一尊塑像，没有幽默感的家庭是一间旅社，而没有幽默感的社会是不可想象的。”

幽默的力量可以助你赢得别人的心，让别人对你心生敬意。不要拘泥于自我意识之中，也不要生搬硬套别人的幽默，你应该发掘自身的幽默话题，并将幽默的谈吐不断地向更高层次升华，这样你一定能成为一个具有幽默感的人。幽默不仅能够使你魅力倍增，还可以帮你化解尴尬。

3. 走入群体中

有一个哲学定义，“人是一切社会关系的总和”。这句话给了我们一个很好的启示，那就是我们不可能脱离他人而独自地生活。我们需要与他人进行沟通和交流，这就要求我们必须学会融入群体中，在群体中生活，在群体中成长。下面让我们来一起了解，如何让自己能更好地融入群体中。

别过分的“我”

我们身边的许多人，他们经常干的事情不是自我吹嘘便是满腹牢骚，开口闭口全是自己的事，像这样的人很难交到真心的朋友。整天把“我”挂在嘴边的人，易使人反感，受人轻视。他们被认为是强迫性的自我推销，遇到重要的事情也不愿与其他人商讨，他们也因此陷入孤独的泥沼中。

同样的，打断别人的交谈或无故转换话题，也是造成孤独的原因。或许你认为今天你所碰到的事情很重要，不吐不快。但你忽略了被你打断话题而必须听你说话的人可能也会感到不愉快。自己觉得有趣，便认定别人也觉得有兴趣，是一种过分以自我为中心的想法。别人说话时，应该静静听其说完。

一个人能够正确地认识自我、充分地展示自我是一件好事情。但要想更好地进入群体之中，我们就应该把握好自我的度，不能太过于自我。时刻注意变换自己的角度，学会从他人的角度理解、分析问题，并合理地调整自己的言语和行为，找到坚持自我与兼顾他人的平衡点。在保留自己特色的同时，促使他人能更好地接纳自己，更好地融入我们所期望融入的群体中。

丢掉优越感

“江山代有才人出，各领风骚数百年”“天生我材必有用”，很多朋友会觉得这些诗句简直就是对自己的真实写照，自己长相帅气(姣好)，各方面能力出众，家境殷实，这些都是让我们产生优越感的充分条件。慢慢地，这种优越会让我们喜欢凌驾于他人之上，经常把自己的意志强加于别人。等到静下心来一看，我们才惊奇地发现自己身边的朋友越来越少，自己也开始变得孤单、寂寞。

要想拥有朋友，摆脱掉孤独的影子，我们就要学会丢掉我们的优越感。你们可能会大声地问：“为什么？这是为什么呢？”道理很简单，我们所谓的优越感给自己择友划定了一个标准，而大多数的人都达不到你的标准，结果导致在交往的过程中双方的地位不平等。平等是交友的必要条件，不平等的交往注定是要失败的。

同时，优越感也会促使我们去追求让自己变得更加的完美，但真正完美的是神，不是人，离完美越近，我们离孤独也就越近。因为在交往的过程中，我们是和普通的人在进行沟通和交流，而不是与那尊你心目中完美的“神”。

总而言之，要想获得友谊，战胜孤独，我们需要做的很简单，就是丢掉自己的优越感，让自己“落地生根”，变成一个普普通通的人。当然，我们也不应该委屈了自己，为了交友放弃了自己的理想、信念和兴趣，只是希望我们能站在对方的角度多去考虑对方的感受，让交友变得平等罢了。

学会请教

我们想要摆脱孤独，建立良好的人际关系，有两个非常简单的诀窍。第一个就是与人碰面的时候，清楚而明确地与人打招呼。你可以用“早上好”“中午好”“你好”之类的言语打招呼，也可以用点头、招手等身体姿势打招呼，但有一个前提你必须让对方清楚地感觉到你是在和他打招呼。主动打招呼会清除你与外界的隔阂，使我们变得更加容易亲近。

其次，遇到问题的时候，要学会主动地去请教。哪怕自己会做，也最好请别人再加以肯定。没有人会因别人的谦虚求教而感到不快的，即使你的问题显得有些简单。你的虚心求教会换来对方的鼎力相助，在无形中也拉近了你们间的距离，两人也因此出现了共同的话题。虚心的请教会消除那层笼罩在我们表面的傲慢的假面纱，也让我们显得谦逊有礼，试问具备这样品质的你距离友谊之桥还远吗？

走进群体中

正值青春年少的我们，同学、朋友在我们的生活中占据了重要的位置，在我们成长、成熟的道路上，同辈群体起着至关重要的作用。我们需要进入同辈群体中去满足情感交流的需求，促进自身情感的发展、成熟。同辈群体可促进我们的学习和兴趣爱好的发展，也是我们获得生活经验和社会信息的主要来源。同辈群体对我们的生活目标和价值观会产生重要的影响，还能够培养我们的环境适应能力和合作竞争的本领，促发我们学习行为规范、认清自己的社会角色。除此之外，同辈群体的成员在其他很多方面都会向同伴学习和模仿，如行为举止、兴趣爱好、消遣方式，甚至发型、服饰、语言等。想要勇敢地直面孤独吗？跟着群体上路吧！

寻找知己

“士为知己者死，女为悦己者容”，“千金易得，知己难求”。从古至今，似乎每个人都在冥冥红尘中寻觅着知音。若想追寻生命中的知己，首先要回归知己两字的定义。顾名思义，知己简单地说就是知道、了解自己内心的朋友。

错误的知己观

每个人在内心深处对于知己都有着其主观的认定，如果不能先检视自己潜藏在心中对知己的想法，同时了解对方对于知己的看法，随着交往的深入，也会因彼此观点不一致而分开。

要与好友维持不变的知己友谊，我们需要正视以下这些错误的知己观。

知己之间没有秘密。有这样的想法的人，较少容许知己去做自己不知道的事，对方去哪里、做什么，都要先跟自己报告，要不就一起去，要不就要先得到自己的允许才能去。想想看，这些人要的是真正的朋友，还是随自己掌控的奴隶啊？

常有人以为既然是知己，他就应该了解我，因此出现一些冲突时，比起一般的朋友来，应该能掌握自己的想法，但他们忘了每个人都是独立的个体，彼此都不是对方肚子里的蛔虫，就连自己对自己都无法深入了解，心情态度随时都会变来变去，何况是知己呢？

知己就必须能够两肋插刀，如果知己拒绝自己的要求就不再算是知己了。然而，世间的确有些事是不可以两肋插刀的，例如陪知己一起逃学、一起吃喝玩乐等，这种知己是盲从，而不是真正的朋友！

从心理学的角度而论，所有心理健康的行为都有一个特征，那就是中庸之道。太过或不及都是不健康的。人际交往也是如此，太过亲密、完全信任或是太过疏离、完全不信任的交友观都是无法获得人际满足感的。过于亲密的关系会让人感到窒息压抑，过于疏离又会显得孤单落寞。

健康的知己观

那么，怎样的朋友才可算是知己呢？知己相处时必须互相体谅、互相关心，知己的相交，在于互相欣赏，并不是互相取乐、互相利用。要真诚相待，不要有欺诈、瞒骗。除此之外，要成为知己必须有相同的兴趣，这样他们之间才有相同的话题。缺乏相同的兴趣，相处时的话题自然不多，无论如何互相迁就，也会感到枯燥沉闷，这样也就很难成为知己了。

这种心灵上可以相通，精神上可以相依相偎，情感上可以相知相惜的朋友，有可能是同性朋友，也有可能是异性朋友。“海内存知己，天涯若比邻”，有这样的心态，人的一生都是会有知己的。

知己是在理解信任的基础上，互相欣赏，互相鼓励，从精神上和心灵里影响对方的人。知己可以亲密无间，情同手足，也可以忙碌时就暂且忘却，想起来就去寻找交流，无牵无挂地在精神上交往。

周瑜与诸葛亮

《三国演义》中，诸葛亮算是周瑜的一位知己。赤壁之战时，从火攻战术的印证，到万事俱备只欠东风的病情诊断，让周瑜不得不佩服诸葛亮，不得不仰仗诸葛亮，并视其为自己战略战术上

不可多得的知己。但是这个知己是个比自己更厉害的角色，对吴国今后可能不利，周瑜只好两次三番地算计诸葛亮，但最后都被诸葛亮一一化解。

知己之间的竞争也是合情合理的，靠着互相竞争、互相切磋、互相进步这样的良性循环，更能加深情谊。知己又比其他朋友多了一份肝胆相照，多了一份精神的交流。每个人都希望遇到一生中的知己，哪怕有一个也行。知己之间应是心有灵犀一点通的，应该彼此了解对方的心意，相互视对方为自己的知己，这样才算是真正的知己。

开拓视野

最后和大家一起来欣赏一首流行歌曲。

知己

蔡卓妍

一个人冒着雨逛一座城市
一个背包能装下多少心事
我闭上眼睛独自走过回忆
很害怕因为自己太过真实
和身边认识的人背道而驰
我睁开眼睛找回我失而复得的勇气
是你让我相信未来的路
偶尔孤孤单单却不孤独
是你让我有种久违了的暖暖幸福
是你让我相信酸酸的苦
只要有人能懂就不在乎
是你让我看到另外一个自己
每次逆境中跌倒

总是你站在我这边和我一起仰起头微笑
很害怕因为自己太过真实
和身边认识的人背道而驰
我睁开眼睛找回我失而复得的勇气
是你让我相信未来的路
偶尔孤孤单单却不孤独
是你让我有种久违了的暖暖幸福
是你让我相信酸酸的苦
只要有人能懂就不在乎
是你让我看到另外一个自己
每次逆境中跌倒
总是你站在我这边和我一起仰起头微笑
是你让我相信未来的路
偶尔孤孤单单却不孤独
是你让我有种久违了的暖暖幸福
是你让我相信酸酸的苦
只要有人能懂就不在乎
是你让我看到另外一个自己
每次逆境中跌倒
总是你第一个伸出双手给我大大的拥抱
大大的拥抱

4. 学会换位思考

人际交往的过程中，如果我们能站在他人的角度，适时地换位思考，那我们与他人的这段交往也就成功了一半。下面，让我们一起来踏上“换位思考”的旅程。

不妨“自嘲”

我们中的许多人会经常为了一件事而烦恼，那就是与人碰面了，却不知道说什么，总担心自己说出来的话会遭到他人的讥笑。这也使我们在人际交往中变得畏首畏尾，别人不主动和自己说话，自己就绝不开口。这些都是我们过于保护自己，惧怕被别人轻视，对自己期望过高所致。究其原因，害怕被人轻视，在其中作祟的正是我们那弱小的自信心，相反的，自信心强大的人，不但不怕人耻笑，甚至还喜欢拿自己的糗事当作谈资，大方地向别人爆料。

林肯的自嘲

有一次，林肯被邀请到某个报纸的编辑大会现场发言，但林肯并不是一个编辑，所以他知道自己出席这次会议是很不相称的，但是直接拒绝又不合时宜。

于是，为了说明自己最好不出席这次会议的理由，他给大家讲了一个小故事：“有一次，我正在一条小路上散步，途中遇到了一个骑马的妇女，于是我停下来给她让路，可哪知道她也停了下来，还一个劲儿地盯着我的脸看。她说：‘我现在才相信你是我见到过的最丑的人！’我说：‘你大概讲对了，但是我又有什么办法呢？’她说：‘当然，你生就这副丑相是没有办法改变的，但你还是可以待在家里不要出来嘛！’”

林肯运用自嘲的方式，委婉巧妙地表达了自己拒绝的意图，不但没让人难堪，还使得气氛轻松愉快，皆大欢喜。人际交往的过程中，除了像真诚这样的“正餐”，也需要自嘲这样的“调味剂”，只有二者的合理搭配，才能让人际交往的“大餐”吃起来津津有味。会说话的人，常把自己的失败经验当作笑料与人分享。我们会看见他们若无其事地自我解嘲，像是在说一件与自己无关的事。仔细一品，它却能产生很大的效果，这是一种含蓄而巧妙的说话方法。它不会引起别人的不快，反而使听众开怀大笑，越糊涂的事越能引起笑声，使人在愉悦中松懈戒心，同时也拉近了彼此间的距离。

保守属于你们的“秘密”

人际交往的过程中，随着沟通交流的深入，双方的共同点越来越多，我们对对方的了解也越来越深入，逐渐地开始涉及双方的私密性的东西，即秘密。可以说秘密的出现是双方友谊的催化剂，也是双方友谊的标志。这就告诉我们，在人际交往的过程中要根据双方友谊的进程，适度地向对方暴露自己的秘密。

适度就是不能一上来就要展现你所谓的“真诚”，将你自己那点小秘密一股脑儿地告诉对方。一方面在友谊还未建立牢固的时候容易泄密，造成对自己的伤害；另一方面对方也不一定做好了思想准备去接受保守你的秘密。同时，本着平等交往的原则，在我们向对方暴露自己秘密的同时应该得到对方积极的反馈，接受来自对方的小秘密。

知道彼此的秘密之后，我们要做的下一步就是保守相互之间的小秘密。知道秘密是一件让人兴奋的事情，保守秘密却是一件让人沮丧的事情，因为对于私密性的东西我们总有将它告诉给别人的欲望。但泄密却是人际交往中的大忌，泄密等于拆掉了相互间的友谊之桥，背叛所带来的愤怒更会给人际交往带来毁灭性的打击，让我们重新堕入孤独的深渊。所以，要想远离孤独，沐浴友谊的春光，请保守属于你们的“小秘密”！

予人余地

我们焦躁急迫的时候，往往会说出一些令自己都吃惊的刻薄话来。尤其在与别人争论某个问题或与人交恶时，这种情形更是普遍。在窘迫的情况下与人争论，情绪极易冲动，头脑中想得最多的就是如何击溃对方。

“本，你实在很糟糕。对于意见不同的人，你总是给予猛烈的攻击。这样下去，将没有人肯听你的意见。且现在朋友们都会因你不在而感到轻松愉快。你自认为学识渊博，不接受他人的意见。为了避免冲突，别人将不会向你进言。如此一来，你的知识将不会进步，而你目前的学识还是急需充实的。”这些话是富兰克林年轻时，朋友对其说话方式的忠告。

的确，在双方意见不合时，容易出现不辩出个结果来不会罢休的情况。在争辩或劝服时，也总想将对方的意见驳倒。但喋喋不休地强调自己言论的正确，只会使对方因下不了台而困窘。透过这种穷追猛打的方式，或许可以得知谁是谁非，但在人际关系上，显然将会有很恶劣的影响。即使是争论，也要注意给对方留条退路。理屈的一方自然会明白自己的错误。如果你将对方逼入绝地，使对方无地自容，将会引来对方不必要的不满，你们之间的裂痕也就慢慢出现了。所以在人际交往的过程中，要学会给别人留足够的“余地”，正所谓“予人玫瑰，手留余香”！

别太逞强

现代社会的生活节奏很快，人们的生活压力也很大，为了让自己生活得更好，为了让自己获得更高的社会地位，许多人选择了长期紧绷自己的神经，在工作、学习与生活中充满了竞争意识，时间一长就给自己的身体和心理带来双重的压力。

好强的李先生

李先生是某著名公司的经理，也是一位一流的设计师。他的妻子贤惠，孩子聪明伶俐。按常理来讲，李先生的生活应该很美满。但他神经衰弱，夜里常常难以入眠，早上又疲惫不堪，缺乏食欲，空腹时时常胃部抽痛。经检查才得知，他患了胃溃疡。他明知应尽量远离那些令人神经紧张的事务，但是由于工作的需要又不得不与人接触。尤

其令他吃不消的是，在会议上不得不发言时，他经常是成竹在胸地站起来，却总不能做出令人期待的发言。这个情况就这样持续着，不到半年的时间，李先生足足瘦了十斤。即便如此，李先生也在自己的心中不断地提醒着自己“生活便是竞争，工作也是竞争，自己失败就意味着可能失去一切”。

在李先生的眼中，所有人都是他的竞争对象，他必须不断地砥砺自己保持竞争的态势。在所难免的，他也就长期地生活在孤独中。

生活的事实告诉我们，你怎么对待他人，他人也将怎么对待你。如果你把对方当作是竞争对手，对方也会回报给你相同的态度。你的竞争意识越强，对方给予你的刺激也愈大。李先生正是被他过强的竞争意识所害。我们要想摆脱自己孤独的状态，就要学会去抑制自己过强的竞争意识，用平和的心态去面对他人，多一些宽容，多一些理解，多一些合作，少一些不合理的竞争。

5. 保持良好心态

要获得别人的青睐，我们应该展现出自己最好的一面。这就需要我们在与人交往的过程中能始终保持一个良好的心态，平和地对待身边的人和物，用自己最好的状态去沐浴友谊的春风。

少钻牛角尖

爱钻牛角尖的人有一个特点，就是不管在什么场合或对什么人，都喜欢表现得与众不同，好像要专门与人作对似的，你说东他偏说西，你说南他偏说北。在工作中、生活中、学习中懂得给别人留点面子，实际上就是在给自己留面子。这不是圆滑，不是世故，是人际交往中起码的需要。

爱钻“牛角尖”的小A

小A有个不好的习惯，喜欢钻牛角尖。你要说抽烟喝酒多了不好，对身体有害，他就会说：“某某某只喝酒不抽烟，只活了70多岁；某某某只抽烟不喝酒，活了80多岁；某某某又抽烟又喝酒，活了90多岁。”你说做人要讲道德，要有良心，他就会说：“良心多少钱一斤？

杀人放火有马骑，烧香磕头受人欺。”你要说谨慎做人，小心做事，他就会说：“撑死胆大的，饿死胆小的，宁愿撑死，也不能做个饿死鬼。”你要说电能打死人，他就会说：“不通电的时候，就打不死人。”无论你说什么，他都会找出一些例子来反驳。渐渐地，小A身边的朋友越来越少，他也越来越孤单。

人际交往的过程是一个相互融合的过程，是两个来自不同家庭的成员互相接纳的过程。出生于两个不同家庭的人，他们生长的环境是不一样的，这也造就了他们不一样的性格、行为和生活习惯。要想建立良好的关系，就需要我们去包容对方身上的不足之处。而钻牛角尖恰恰与此是背道而驰的，钻牛角尖的人会过多地关注对方的不足之处，甚至将它们放大化，结果也就可想而知了，他们只会和朋友们渐行渐远，自己落得形单影只。

凡事钻牛角尖、较真是人际交往的大忌，要想得到友谊，摆脱孤独，我们就要学会少钻牛角尖、少较真。在与人交往的过程中，要多看到对方身上存在的优点和长处，用欣赏的眼光、惺惺相惜的心态与人进行沟通和交流。即使对方身上存在着一些不足之处，我们也应该看对方的主要方面，只要主要方面是好的，我们就应该学会包容，并善意地向对方指出不足之处。当然，包容不等同纵容，在交友的过程中我们应该有自己的交友原则和标准，不能够为了摆脱孤独而放弃自己的择友标准，不加选择地乱交友。毕竟朋友是我们生活中非常重要的一部分，他们会影响着我们生活的方方面面。记住“近朱者赤，近墨者黑”！

挫折是福

看见森林中的参天大树，我们总会感叹造物主的神奇，殊不知它们能有这样粗壮的身体是同暴风雨搏击千百回的结果。从小在父母呵护下长大的我们，就像温室里的花朵，习惯了阳光、雨露的滋润，却难以承受狂风暴雨的考验。你们可能会大声地问：“那我们需要什么呢？”答案就是挫折。在挫折的锻炼下，我们才能变得更加坚强和柔韧。挫折的不断磨砺能让我们体味世间的酸甜苦辣，感受世态的冷暖炎凉，进而领悟生命的真谛。挫折的巨大压力会激发我们的潜能，促使我们去学习各种各样的本领，完善我们的人格。换个角度看，我们会发现，经历挫折或许是一种福气。所以碰到挫折时，不要抱怨，也不要退缩，勇敢地走向它，像蚌壳那样，将挫折的沙砾化成光彩夺目的珍珠。

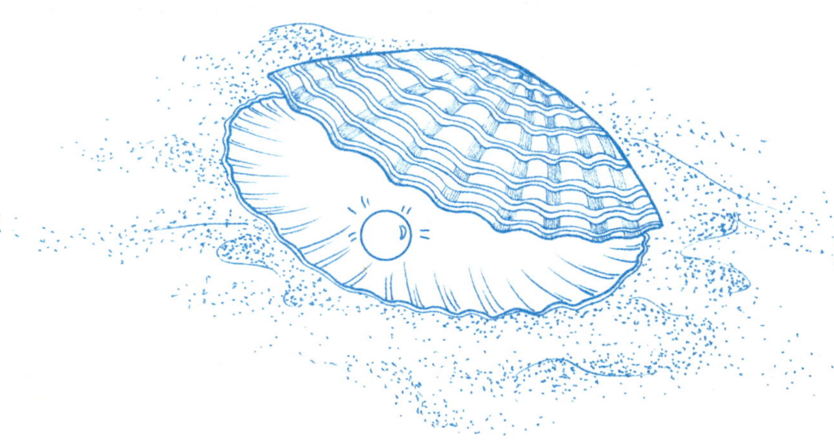

挫折是成功的向导

挫折是指向成功的明灯，它可以为我们照亮前行的路途。心理学家认为：对挫折的体验，能培养人从容应付风险的能力，一旦发现自己能在风险中挺过来，对失败的恐惧就更少了。由此可见，体验挫折可以提升我们完成任务、走向成功的信心，打好成功的基石。在经历挫折的过程中，我们可以不断地总结经验，并将之迁移到其他的场景中，下次遇到类似的情况时便能从容地应对，从而不断地提升自己的能力和各种应付技巧，逐步迈向成功的终点。由此可见，挫折并不可怕，可怕的是面对挫折时我们悲观的心态，可怕的是我们经历了挫折却不知道去总结经验和教训，一而再地犯同样的错误，让自己陷入恶性的循环中。

从容面对挫折

挫折可怕吗？可怕，更可怕的是我们面对挫折时的不良心态。很多时候我们面对挫折，总会怨天尤人，总会觉得自己就是那个全世界最不幸的人，总觉得自己被这个世界抛弃了，总觉得自己已经走到了末日的尽头，孤独的魅影也就随之而来。

其实挫折并没有我们想象的那么可怕，我们应该勇敢地面对挫折，正视挫折，在挫折中不断地前进。通过自己的努力战胜挫折，沐浴挫折带给我们的生命之光。

逃避挫折是解决不了问题的，要想摆脱孤独的纠缠，我们就要学会从容地面对挫折，因为很多成功的经验都告诉我们，失败是成功的母亲。挫折本身已经给了我们一次惩罚，如果面对挫折我们还不能积极地调整心态，那我们将接受第二次的惩罚。最好的办法就是改变过去那种怨天尤人、全世界我最惨的错误心态，积极地调整心态，总结失败的经验和教训，避免今后在相同的事件上犯第二次的错误。与挫折相处，要勇于面对它，接受它，并从挫折中吸取人生的经验和营养。我们要通过失败去寻找自己存在的不足，从而使自己在不断经历和克服挫折的过程中逐渐成长、壮大，直至走向成功。

第四篇　超越自己——与孤独say “Goodbye”

孤独可以让我们保持清醒、冷静的思维，使心有所悟，我们也会因有所悟而开心。当进行思考和规划的时候，我们更需要孤独，因为在这种状态下，人的心境和思想才会自由，放得开也收得拢，不用顾虑旁人的看法和言论，促发我们心有所悟。面对孤独，我们要做的不应该是怨天尤人，而是要学会拓宽自己的视野，丰富自己的阅历，强大自己的内心。让我们勇敢地接受孤独的磨炼，然后潇洒地向内心的孤独告别：“Goodbye。”因为，我们从此要坚强而不孤单。

1. 拓宽你的视野

“会当凌绝顶，一览众山小”，只有站在山顶，我们才能欣赏到最美丽的风景。要想超越孤独，我们就应该爬上“高峰”去拓宽我们的视野。视野宽了，我们的心才会宽。心宽了，孤独就会被我们踩在脚下。

电影也可以一个人看

或许我们自己说出来都会觉得可笑：“电影，一个人去看！”在我们的印象中，看电影都需要三五成群地去看，只有这样我们才能分享看电影过程中的观感，要不然电影也会看得索然无味。

但我们现在要说的就是一个人去看电影。在电影院中，你可以把电影的情节当成自己的情节，把自己的情绪和主角的情绪紧密地联系在一起，让自己全身心地融入影片之中。只有这样，我们才能和电影产生共鸣；只有这样，我们才能与银幕上的人物谈话。只有我们一个人去静静地体会，才能感受到电影呈现给我们的喜怒哀乐，才能让我们深刻地去体味与感悟，享受独立思考带给我们的乐趣。

孤独吗？运动去

运动的乐趣很多，它可以让我们结识朋友，也可以让我们强健身体。细数一下，我们还会发现其中有许多是单人运动，比如长跑、游泳、滑雪等，它们都可以由我们自己单独完成。当我们感觉到孤独的时候，不妨去运动运动。在运动中我们可以强健自己的体魄，消耗体力的同时也荡涤了心灵，消除了内心强烈的孤独感，拓展了自己的人生。

孤独的跑者

英国一位著名的作家阿朗·斯特里生长在贫困的劳工家庭。小学毕业后，就到工厂做工，他一面做工，一面写小说、写诗。其中最有名的是一本叙述被送入感化院的少年如何成为长跑健将的短篇小说《长跑者的孤独》。“我已经超过了每一个汗流浃背的选手，我能看到远方用栅栏围着的树林。那里就是这次竞赛的目标，而我将是唯一到达的人。终于通过了中间站，不久我会消失在树林间，看不见其他选手。于是我感觉到什么是长跑者的孤独了。他是世上最诚实，也是最现实的……”

不妨读读书

多读书吧，读书可以让我们远离孤独。让我们来看几条关于读书的名言：

饭可以一日不吃，觉可以一日不睡，书不可以一日不读。——毛泽东

读书也像开矿一样“沙里淘金”。——赵树理

读过一本好书，像交了一个益友。——臧克家

聪明在于勤奋，天才在于积累。——华罗庚

读书忌死读，死读钻牛角。——叶圣陶

不怕读得少，只怕记不牢。——徐特立

为中华之崛起而读书。——周恩来

很多时候，我们会问自己，读书有什么用处，如果今后长大了不从事相关的行业，这书岂不是白读了？其实我们的这种担心是多余的，无论今后我们从事什么样的职业，书本中的知识会在我们的脑海中一点一滴地累积，对我们今后的发展将起到一种基础性的作用。读书会丰富我们的知识，开拓我们的视野，强大我们的内心。有好书相伴，会让我们的内心宁静与充实，即使独处一整天也不会觉得孤单。

同样的，对于书籍的爱好，特别是对于某类书籍的偏爱也是我们交友的一种很好的途径。书籍就像是一种无形的媒介，可以把我们和他人联系起来，在我们之间形成一条美丽的纽带。这条纽带的存在让我们与他人之间有了共同的爱好和交流的话题。我们相互之间离“朋友”二字还远吗？

试想一下，当大伙儿讨论某一个话题，提到一本书，正好这本书是你看过的，你必然会很兴奋地叫出来：“啊！那本书我最近才看过。”虽然这种插嘴方式有些没礼貌，却能缩短你们彼此心理上的距离，也会使你感到一股前所未有的亲切感。同样的，当你看一部武侠小说，正当精彩的时候却发现“且听下回分解”，而你向拥有下集的人借阅时，你们之间的距离不也因这部小说而被拉近了吗？

孤独吗？利用假期旅行去

旅游能带给你真实的感受、切身的体会，让你舒展心情，调整精神状态，呈现一个最佳状态的自己，让你把对过去生活中的烦躁以及不安统统过滤掉，然后呼吸新鲜的空气。充分利用我们的假期，在父母、朋友的陪伴下开始一段旅程，或许你会感受到别样的心情。

在旅途中，我们会看到不同的风景，接触不同的人，会为新的陌生的事物所感动，尽管有时候它是那么的微不足道。在行走中体验，在行走中思考，更在行走中感悟。旅行也许并不会使生活发生根本性的改变，可是心灵会因为旅行而变得充实，生活不再是一成不变的重复，也不再是平淡无奇的流逝，那些旅途中的一切都会变成美好的记忆。总之记住这句话，“要么读书，要么利用假期开启一段旅行，身体和灵魂，必须有一个在路上”。

2. 孤独中观“心”，认清自己

要超越孤独，我们需要一个准备，在这个准备的过程中，我们要在孤独中沉静下来，“冷眼旁观”，更好地了解自己，认识自己，期待着蓄势而发，完成完美的一跃。

给自己合理的评价

当考试失意或是在与他人的竞争中落后时，我们往往会认为自己已经穷途末路，但真的失败了吗？事实可能并不是我们想象的那样。绝大部分的情形是我们不能给自己合理的评价，自己竖起了白旗，将状况过分夸张成无可挽救，轻易地放弃了挽回败局的一切可能性。

通过各种心理测验和调查，依据客观资料所显示出来的性格和我们的自我评价往往不一致。大多数的时候，我们会给自己较实际更低的评价。这种评价具有一定的暗示和自我催眠的作用，让我们缺乏自信心，比如，老师想让你担任班干部，你却以“忙着准备考试”为由加以拒绝。事实上，隐藏在“准备考试”这个借口背后的真正理由是我们降低了对自己的评价，导致缺乏自信，低估了自己担任班干部的能力。自信心的不足会让我们变得敏感，很多时候老师漫不经心的一句责骂便会触动我们脆弱的神经，引发自卑心理的出现。由此可见，我们需要正确、合理地评价自己。

在自我评价的过程中，我们不能过分地夸大自己，时时、事事都抱着非我莫属的心态。这样的强势心态虽有助于提升我们的自信心，但也会过于打压他人，让人际交往失去均势，导致周围的朋友逐渐地远离自己。相反地，我们也不能妄自菲薄，过分地贬低自己，觉得自己这也不行，那也不行。要合理地认识的自己的长处和优点，在合理的时间和地点表现出来，以增强自己的自信心。

总之，关于自我评价，我们既不能唯我独尊地目空一切，也不能盲目地认为自己一无是处，应合理地通过他人评价、自我反省等方式对自己进行正确评价，同时注意加强自信心的培养，勇于接受各方面的考验。

找出自己的兴趣所在

要了解自己的兴趣所在，我们需要应用到下面的对照表：

现有的知识	
不足的知识	
想学的知识	
如何吸收知识	

这个表格虽然简单，但它却给我们传递了许多的信息。第一，现有的知识，通过对现有知识的呈现可以让我们了解自己所拥有的知识的基础。第二，不足的知识，呈现的是我们现在还欠缺的部分知识，也是我们下一步努力的方向。补缺知识的过程中，我们需要同自身的需求结合起来，而不是盲目地去补缺。第三，想学的知识，是对第二部分我们不足的知识的一个过滤。我们想学的知识要根据自己的意愿和兴趣，结合我们之前选定的目标来进行。第四，如何吸收知识，这部分是我们吸收知识的方法和途径。这个表格究竟显示了什么呢？就是“自己的能力和才干”。将我们的能力和才干具体地表现出来，既不高估，也不贬低，是实实在在的你，其中还具体地呈现了将来努力的方向和方法。

对于各种不同的知识学问，我们应加以相互关联。当你对许多事物都有好奇心的时候，你会把它们拼凑成一个独立的系统，在此过程中，我们自己也会得到成长。虽然见异思迁使人诟病，但为了培养好奇心，“见异思迁”绝对是必不可少的。当我们向四周伸出“触须”，或张开“天线”接收各种信息时，我们就能找到自己的兴趣所在，找到自己的生存之道，同时也找到应付孤独之道。

勿“人云亦云”

意大利著名诗人但丁曾说过这样一句话：“走自己的路，让别人说去吧。”的确，我们的人生应该由我们自己主宰，而不能“人云亦云”，做事跟着别人的步伐，跟风随大流。路漫漫其修远兮，在人生未来的道路上，我们要不断地求索，找寻到那一片属于自己的天空。

走自己的路，坚定美好的理想。比尔·盖茨曾在大学里学习，但他不满足于大学里学到的知识，于是，他为了心中的理想，决定行走在自己的人生道路上。他开始从事电脑的研究与开发，许多年过去了，他从来没有后悔过，因为这是他一直坚持的理想。正是由于这种坚持，才让他积累了那么多的财富与声誉，成为人人敬仰的大师。可见，理想不是随便说说的，我们要在万千的道路中找到那条属于我们自己的路，并将之付诸实际行动，这样才能逐步地实现自己的理想，在人生路上不留下遗憾。

走自己的路，更不能输在起点上，因此我们更要努力勤奋地学习。古时的匡衡年轻时十分好学，但家里很穷，买不起蜡烛，晚上想读书的时候常因没有亮光而发愁。后来他想到一个办法，就在墙壁上悄悄地凿了一个小孔，让隔壁人家的烛光透过来。就这样，他经常学习到深夜，不停地在书中做笔记、摘录。因为坚持和勤奋苦读，匡衡后来成了西汉著名的学者，还做过汉元帝的丞相。这些成就不是上天可怜他的，而是他用勤奋努力争取来的，正所谓“天道酬勤”。如果我们能带着这份精神，勇敢地投入自己的道路中，岂会落后于他人？

勇敢地走自己的路，带着一份坚持，坚定自己的理想，不懈努力，奋力拼搏，努力让自己的人生不再碌碌无为，活出自己与众不同的精彩人生。

人生需要目标

古人云：“有志者，事竟成。”所谓“志”，就是指我们为自己确立的“远大志向”，确立的人生目标。人生目标，是生活的灯塔、力量的源泉，如果失去了它，就会迷失前进的方向。人生的目标也是我们在面对孤独时，不迷茫、不失落，从容向前的驱动力。

确定了人生的目标，才可能选择生活的道路，才能够掌握、控制自己的人生。有了目标，人生才会变得充满意义，一切才会清晰、明朗地摆在你的面前，什么是应当去做的，什么是不应当去做的，为什么而做，为谁而做，所有的要素都会变得明显而清晰。有了目标，生活便会添加更多的活力与激情，使我们自身隐匿的潜能得到充分的发挥，为实现高素质的人生打下坚实的基础。

目标的高度决定人生高度

追忆历史，任何年代的任何国家，社会结构都接近一种金字塔状。大量的人处在金字塔的底部，只有一小部分人处在金字塔的顶部。许多人认为处在底部的人只能做普通的工作，有普通的收入，实现不了自己的理想和报负。处在塔顶的人则是蒸蒸日上，享受丰厚的财富，发展前途不可限量。然而人们往往忽视了，这些身处塔顶的人，曾经也处在底部，从一个默默无闻、普普通通的人，一步一步地攀上了金字塔的顶部。

细心观察一下，社会上绝大多数人，一生都在平庸中度过，尽管他们也在辛勤劳动，终生奋斗不止，但是只能扮演无足轻重的次要角色，其根本原因在于他们缺乏真正的内动力。社会的要求、别人的约束，使他们对待生活、工作还算尽责，却很少去想怎样才能够让自己的人生有翻天覆地的变化。处在金字塔底部的大多数人与处在金字塔顶部的少数人相比，差距就在于眼光的高度，在于人生的目标。

制订合理的目标

有什么样的目标，就有什么样的人生。或许你觉得自己现在是多么卑微，觉得自己是多么的微不足道，但是只要你拥有攀登成功巅峰的勇气，将自己摆在整个社会的宏观世界之中，认真做好人生定位，明确奋斗目标，并愿意为此付出艰辛的努力，那么总有一天你会如愿以偿，获得成功。

人生目标可分为长远目标和短期目标。如果一个人没有长远目标，那么他的人生将是盲目的，一切的努力都将是无用功。如果一个人没有短期的目标，他将不知道自己每天要做些什么，脚步不知道朝什么方向迈出。将人生的长远目标划分成一个个节点，就成了每一时期的短期目标，仿佛人生的驿站。所有的短期目标都指向同一方向，为长远目标做基础，这就是所有成功的人所遵循的公式。

“千里之行，始于足下。”即使我们有了目标，实现它也需要一个过程。成功的人是最有理想、最明智，也是最有毅力、最坚定的，他们懂得一切的成功都不是一蹴而就，都需要通过艰苦卓绝的努力不断地提高自己、获得进步。成功的人绝不会只因事情做完而满足，反而会要求自己不断地做得更好，以获取更大的成功。

希望我们每一个人从现在开始就制订人生目标，从点滴做起，落实人生目标。抛弃那种无聊、重复的平庸生活，努力去挖掘自己的内在潜力，激发自己的闪光点，相信是金子不论在哪里迟早都会发光的道理。孤独之际，迷惑之时，看一看自己的人生目标，我们就不会迷失自己的航向。谨记，新生活就从确定目标之日开始。

3. 与孤独 say “Goodbye”

经历了磨炼，我们就会逐渐变得强大，我们要理性地认识孤独，在孤独中寻找灵感，挑战孤独，走出孤独，创造充实而快乐的人生。

理性认识孤独

面对孤独时，我们不能急躁，要用平和的心态理性地认识它。你会发现孤独并没有我们所想象的那样面目狰狞。让我们一起来静静地体会下面这段文字描述给我们带来的“孤独”的别样风情：“孤独是一种情感体验，更是一种境界。它让人的思绪向灵魂的深处飞去，使人在浮华底下看出生存的真实。孤独是睿智地审视人生、反省自我，是你对事物的本质认知不被他人认同时产生的一种感觉，而且知识层面越高孤独感会越深。孤独是灵魂的舞蹈。孤独是哲人超凡绝俗的智慧。孤独是独具魅力的，它的美恰似一份宁静与淡泊，荡涤着那些现代都市中嘈杂的心。在追求、探索的道路上，谁能够拒绝花花世界的诱惑，远离尘世的浮躁和喧嚣，谁能够耐得住寂寞，谁能够主动拥抱‘孤独’并且善于利用‘孤独’，谁就能够最终战胜自己，从而到达理想的境界……”

从文章中我们看到，孤独并不是我们所想象的那么可怕；相反，要想在自己的人生道路上有所成就，我们应该主动地去面对孤独，在孤独中追求自己人生价值的最大化。

挑战孤独

现代社会的资讯非常发达，网络、电视、报纸等不同的媒体都传递着大量的信息，我们每天会主动或被动地从这些媒体中获取各种各样的信息。这些信息会占据我们的大脑，给予我们各种各样的暗示，它们会影响我们与别人的沟通和交流，也会在不知不觉中影响着我们的思考和判断。

从古至今，未曾有过像现代这么多各型各类的评论家和权威人士。他们通过各种媒体对我们进行着不间断的“思想轰炸”，想极力说服我们，他们的言论涉及生活的方方面面，无论是着装、影视、饮食，还是学习、交友，无一例外。最开始，我们抱着“试试看”的心理去了解，但在日复一日的不断“轰炸”下，自己便有可能不自觉地受到它们的影响，意见逐渐趋向一致，毫不抵抗地遵从被当作大多数人意见的舆论。

我们所生活的社会，各种事物都受到一般世俗评价的束缚，无法随心地自由行动。如果不能主动挑战孤独，不能很好地独处，便没有机会去尝试独立行动，最终，只能随波逐流，人云亦云，把自己湮没在茫茫的人海中。由此可以看出，我们要按自己的意愿去发展，就要学会挑战孤独。只有主动地挑战孤独，主动地去寻求自己的发展之路，才能开拓出自己的发展空间，长成自己理想中的“自己”。

"积极"孤独

我们正处在学生时代，同学和伙伴成了我们生活中必不可少的一部分，群体是我们快乐的源泉，这是我们根深蒂固的观念，很多时候为了能够得到同伴，我们甚至会委屈自己以融入群体之中。平日里，我们会通过与他人共处等途径来消除孤独，这有可能会让我们形成强烈的依赖心理，使自己难以独立，无法确立自己的自主性。

其实我们忽略了一个事实，那就是有很多的事情只有在独处时才能完成。凡是有所成就的人，必定都拥有独处的时间。无论我们是从事各种研究，还是进行事业的创造，都必须自己学会独处以便进行详细而深入的思考。这段独处的时间或许会让我们如坐针毡，却能使我们得到莫大的收获。我们要学会不打扰他人，学会自我判断，积极地挑战孤独，肩负起自己的责任。自己的人生方向，这是靠自己决定的。无法与任何人商量，必须以自主为起点，来考虑如何充实自己，积极地享受独处带来的乐趣，开创那一片属于自己的天空。

独处是创造的原动力

独处是创造的开端，创造出新东西、新知识的人，一定都有他们独处的时间。从那些伟大的艺术家、企业家、学者的传记里我们可以发现，他们的成就都和孤独有关。因为思考、创造的先决条件是独立。这些单独从事创造的人，所担忧的是单独的时间不够多。

所以，当感到孤独的时候，我们要做的不是去担心孤独本身，不是考虑怎么样去摆脱孤独，而应该好好地静下心来，好好地规划自己。计划不用太过于长远，也许就是十天或二十天，甚至可以是一天两天，认真按照计划去行动，你就会感到孤独其实已经离你远去，你感受到更多的是独处给自己带来的充实与宁静。

以下是一小部分从独处中获得的好处：

有时间思考；

在独处中，我们了解了自己；

冷静面对人性的恶魔，并与之打交道；

有了创造空间；

释放空间，求得平和；

有时间反思做过的事情，并从中吸取经验和教训；

能听到自己的声音，隔离别人帮助带来的影响；

可以体会在轰鸣嘈杂中难以捕捉的那些微小的真实。

独处中寻找灵感

对于我们每个人而言，都或多或少存在着某种孤独感。当然，我们每个人所体验到的孤独在性质上、在时间上(有的是骤然爆发，也有的呈阶段性和周期性)，以及在深度和广度上颇不相同。什么样的人，体验到什么样的孤独，这恰如什么样的人，会投下什么样的身影。

对于人类文化艺术的发展和创造来说，孤独感并不是一件坏事。人才在教室、课堂上培养，天才则在孤独感中自己成长。因为孤独感会使人处于一种自我发现的紧迫状态。闻名于世的意大利电影明星索菲亚·罗兰也感到孤独，而且还喜欢寂寞。她说：“在寂寞中，我正视自己的真实情感，正视真实的自己。我品尝新思想，修正旧错误。我在寂寞中犹如置身在装有不失真的镜子的房屋里。”这位艺术家认为，形单影只，常给她同自己灵魂坦率对话和真诚交往的绝好机会。孤寂是她的灵魂过滤器，它使罗兰恢复了青春，也滋养了她的内心世界。所以她说：“我孤单时，我从不孤独。我和我的思维做伴，我和我的书本做伴。”

在少数天才人物中，也包括一些伟大政治家身上，孤独感几乎是一种“不治之症”。这种孤独感伴随着一种惆怅和忧郁。企图抗衡和摆脱这种孤独感，便成了人类艺术创造的一种最顽强的定力和内驱力。如梵高作画，既不为名，也不为利，他之所以要拼着性命去画，仅仅是为了排遣内心深处一种说不太清楚的孤独感。爱因斯坦的一生也患有孤独症。在《我的世界观》一文中，他坦率地做了自我剖析：“我对社会正义和社会责任的强烈感觉，同我显然的对别人和社会直接接触的淡漠，两者总是形成古怪的对照。我实在是个‘孤独的旅客’，我未曾全心全意地属于我的国家、我的家庭、我的朋友，甚至我最接近的亲人；在所有这些关系面前，我总是感觉到有一定距离并且需要保持孤独——而这种感受正与年俱增。”爱因斯坦终生对物理学、艺术和哲学的真挚的爱，全然是对这种孤独感的永恒摆脱和最勇敢的回击。

唐诗宋词中那些堪称千古绝唱的，正是因为它们陈述了一种“俯仰千古悠悠”的孤独感才成为不朽的诗篇。伟大艺术家们的气质，多半有哲理沉思的成分。他们总是从个人、具体的孤境（外在的孤独感）出发，上升到普遍的、哲学意义上的孤境。陈子昂的《登幽州台歌》便是一例：“前不见古人，后不见来者；念天地之悠悠，独怆然而涕下。”陈子昂的“独”，正是一种典型的孤独感，这是人类处在茫茫宇宙中的孤寂感。因为它带有永恒性，涉及人类的根本处境，故具有一种哲理的深度。

在艰难而短暂的人生中，能时时体验到孤独感并寻找到一条解救的方法和出路的人，自会感到一种悲壮的奇美。也许，恰恰是这种人才会对全人类怀有一种博爱之心和同情之心。

浅薄的快活和廉价的感官享受，远不如处在孤境中并力图去解决它来得幸福，这是不断拼搏、不断超越自己、超越时空局限的高贵幸福。也只有这样，我们才能理解下面这句人生哲学格言的含义：“缺少了寂寞，就不可能有真正的幸福。”

4. 孤独中超越自己

给自己点压力，微笑地去面对挫折，在孤独中找到自己，超越自己，开启我们人生的美丽篇章。

孤独中找寻自己

人们对于孤独存在两种截然不同的反应。一种是无法忍受独处，觉得独处是不可以接受的，一旦陷入孤独就想马上寻求摆脱；另一种则正好相反，认为孤独把我们从周围烦琐的人际关系和繁重的学业任务中挣脱出来，不受人打扰，因此积极寻求孤独。事实上，这种寻求孤独的欲望，并非只有特别孤僻的人才有，每一个人都会有这样的想法。

当我们还很小的时候，与其他的小孩共同嬉戏被认为是一种合理的行为，我们周围的师长、亲友都希望我们成为群体中的一分子，过群体生活，如若不能则会被视为性格上存在缺陷。这样培养的结果就是，我们不能自己玩乐，周围需要有他人的陪伴。我们有人陪伴的时候活力四射，两眼泛光；如果没有，一切的游戏就会变得索然无味，两眼无神，一副郁郁寡欢的样子。随着时间的推移，群体生活已经成了我们的一种习惯，我们不能够很好地自我排遣，也不能够很好地独处，因为我们的快乐是和别人联系在一起的，一旦离开了别人，快乐就会消失殆尽。

要想让自己真正地摆脱孤独，我们就要学会从自己本身挖掘潜力，培养独处的能力，比如通过读书来充实自己。书本之中有很多我们渴望的东西——丰富的知识、人生的方向、技巧技能等。我们可以从书本中找到我们需要的答案——如何摆脱孤独的答案。

找寻“内在”的自己

在孤独中完成的事，有一项是非常重要的，那便是找寻自我，认清真我。只有把自我认识清楚了，才能发掘出隐藏在我们内心的珍贵本质。

很多时候我们会抱怨自己一无是处，得不到周围的亲友和旁人的好评。长久处在这种状态下，我们会选择脱离现实生活，进入幻想的世界，幻想自己事业上取得了巨大的成就，幻想自己成了超级富豪。究其原因，是因为我们缺乏自信。另外，羡慕别人的成功也是我们经常犯的一个错误。我们注视着别人，会因为别人的成功而泄气，为了能像他人一样获得成功而去追求那些自己不具备的、不真实的“华丽”性格。细细地品味才发现，我们之所会这样，是由于对自己不满意，不断拿自己和别人比较，认为别人比自己强，不能将人我明确区分，是因为我们还未找到真正的自我。

找到真正的自己

从小他的理想就是当一名作家。为此他很努力，十几年来，他每天坚持最少写1000字。写完后改了又改，润色加工，然后充满希望地寄往各地的报社杂志社。尽管他很用功，也很坚持，但他一篇文章也没发表过。29岁那年，他收到一封他经常投稿的那家杂志社编辑的退稿信。信里写道："看得出来你是一个很努力的青年，但我不得不遗憾地告诉你，你的知识面过于狭窄，生活阅历也不够丰富，我觉得写作或许并不适合你。但我可以告诉你，你的钢笔字写得越来越好……"就是这封退稿信，让他认真思考了很久，然后他决定放弃写作，开始练习钢笔书法。这次，他的进步很快，他感到十分开心。后来，他终于成了著名的硬笔书法家，他叫张文举。

另外一个故事是，有位父亲替他儿子选择的理想是从事文学创作，但孩子只读了一个学期，老师就在那个孩子的评语中做出了如下结论：该生品德优秀，勤奋努力，但想象力不够丰富，不可能在写作方面有所成就，建议重新选择学习方向。于是，父母又让他改学油画，谁知他既不懂构图又不懂调色，对艺术的理解力也很差，自然也没有学出什么名堂来。后来还是在化学的选修课上，老师发现他做事十分认真，一丝不苟，具备做化学实验应有的素质，就建议他改修化学。这一次，他终于找到了自己擅长的领域，就像鱼儿回到了大海一样，他快乐地游弋在化学研究的领域里。他第一次感到学习是这样令人快乐的事，他觉得他不但找到了自己，还找到了自己的世界，后来他获得了诺贝尔化学奖。他的名字是奥托•瓦拉赫。

人处在群体的状态下必有某种程度的转变。独自思考时的自己，与在人群中的自己，或许会有所不同。如果我们拥有朝着自己目标前进的勇气，便不会受人左右，也不致使自己的本质混淆不清。只有这样我们才会找到自己，找到属于我们的世界。

活出“独立”的自己

我们时常会碰到这样的场景，当你渴望找一个人交谈的时候，你们却没有谈什么。此时的我们会惊奇地发现，有些事情是不能告诉别人的，有些事情是不必告诉别人的，有些事情是根本没有办法告诉别人的，而有些事情即使告诉了别人，你也会马上后悔。最好的办法是让自己静下来，真正能使自己平静的只有你自己。

孤独并不是一件那么糟糕的事情，与嘈杂相比，一个人的宁静倒显得自在很多，倒也可以变成一种享受。或许需要一段时间，几个月或几年的适应，一个人就能勇敢地去面对孤独，找到自己的节奏，知道自己想要什么，从孤独走向独立。这是属于你自己的东西，是你的一部分。当你一个人的时候，它就会像音乐一样流淌出来，让你觉得这个世界似乎在以另外一种形式存在着，我们能够清晰地听到自己内心的想法。

我们都生活在一个不那么如意的世界，但阳光总有一天会到来，等阳光照到你的时候，记得开出自己的花——那个你一直为之奋斗的梦想。有的时候梦想很远，有的时候梦想很近，但只要你努力，它总会实现的。即便世界只剩下我们独自地生活，只要心还透明，就能折射希望。

问自己你要什么

青春期的我们，伴随着身体的成长，我们的心智也开始逐渐变得成熟。从这个时候起，我们变得更加关注自己的容貌，更加在乎别人对自己的看法，重视自己在别人心目中的形象。同时，我们身处在一个信息爆炸的年代，不管我们情愿不情愿，每天都有着大量的信息充斥在我们的周围，这些信息或多或少地会给我们一些暗示，影响着我们的判断。我们没有父母一代那么多的经历，很多时候不能像他们一样去透过事物的现象看本质，这让我们在选择的时候会变得迷茫和不知所措，不知道自己真正需要的是什么，自己所选择的是自己需要的，还是别人或社会所期望的。

你只能坐一把椅子

在某个七月的黄昏里，一个即将从师范学院毕业的小伙子坐在窗子下的椅子上，他一只手托着自己的下巴，另一只手一会抓抓耳朵，一会挠挠头发，看起来很苦恼的样子。爸爸发现儿子无精打采地坐着，于是就走过去问他怎么了。

“哦，爸爸，我很烦恼。”小伙子答道。爸爸笑着问他为什么烦恼。小伙子告诉爸爸，因为他马上就要大学毕业了，而他还不知道是去学校做一名普通的教师，还是继续发掘自己的潜能，去从事自己喜欢的歌唱事业。“原来是这样，我不能帮你决定你的职业，但或许我能帮助你做出选择。”

爸爸说完，就从他身边的椅子上站起来，同时示意儿子也站起来。小伙子不知道爸爸要做什么，但还是照做了。爸爸把他们刚坐过的椅子并排放好，但是中间留了一个很大的缝隙，然后对他说：“孩子，你试着坐在两把椅子上。”小伙子觉得爸爸的要求很奇怪，他看看椅子，又看看爸爸，说：“爸爸，我做不到，你看，我会从椅子的缝隙里掉下去。”于是爸爸说：“那么，你还是坐在一把椅子上吧。”小伙子坐下来，爸爸接着对他说：“孩子，你看，如果你想同时坐在两把椅子上，你就会从椅子的缝隙掉下去，要知道，生活也像这两把椅子，如果你想坐在中间，你就可能会掉下去。所以，我不能帮你决定你毕业后应该做什么，但我可以告诉你，你只能选一把椅子坐上去。”

小伙子听了爸爸的话，终于下定决心，选择从事自己喜欢的歌唱事业。从此他专心地在歌唱的道路上跋涉着，直到成为一颗光芒四射的世界巨星。他就是意大利的世界超级男高音歌唱家卢卡诺·帕瓦罗蒂。

人生只能确定一个目标和方向，至少在某一阶段只能确定一个，这样才能集中力量实现你的梦想。在生活中，选择无处不在，所以如何选一把对的椅子坐上去，也是人生成败的关键。我们处在人生的一个关键时期，选择也伴随着我们的年龄开始出现，而且会越来越多，面对各种选择的时候，我们需要孤独地静下心来，扪心自问，什么才是自己所需要的。不要被他人的期望所影响，不要被社会的期望所影响，同时学会听取父母的合理的意见和建议，找到我们在成长的道路上所需要的。

给自己点压力

在生活中，我们不可能总是过得风平浪静、轻轻松松的，我们避免不了要经历很多的痛苦和不愉快。

其实人的每一天都有可能产生很多的不愉快。我们对自己每天的生活进行一下总结，你就会发现一天中总有可能碰到和自己对着干的人，或者遇到看不顺眼的家伙，或者听到极不顺耳的语言，或者遇到非常棘手的事和非常残酷的环境。我们也许时常会这样想：要是这个人从周围消失就天下太平了，要是我能离开那个残酷的环境就万事大吉了。可结果往往是不尽如人意的，你越讨厌的人就越容易在你面前出现，你越害怕的残酷环境和挫折就越容易光顾你。

面对这些，我们应该换个角度进行思考，如果没有他们的话，也许你只不过是个慵懒而普通的一般人，很容易就被时代的大风大浪所淘汰。正因为和他们有了矛盾，并和他们造成了种种关系紧张的气氛，我们才会发现自身的缺点并不断改进。这样他们给你带来的压力就变成了动力，从而让我们的身心都受益匪浅。

同样，也正是因为挫折和残酷环境的存在，我们才总是想做得更好，总是想要出人头地或出类拔萃。如果我们试图把那些不断袭来的挫折与残酷环境当作磨炼自己的工具，并因此不断挖掘自身潜力，我们的意志和毅力就会不断增强，自己也就会越来越强大。

反之，如果讨厌的人和一切逆境都消失了，那么给你带来刺激和压力的要素就随之消失，你获得锻炼和成就的机会也同样随之消失。失去那些刺激和压力的你也会越来越容易变得迟钝和麻木，变得弱小、堕落甚至从此一蹶不振。

生活就是生活，作为你的镜子或者你的对立面的困难或压力是不可能说消失就消失的，它们每时每刻都存在着。早上起来，你睁眼一看，它们居然又在你面前出现了。于是就形成了一种努力与懈怠交替的情状，迂回曲折盘旋上升也就成为我们每一个人成长的轨迹……

所以在压力与动力面前，就看我们如何选择了。我们是选择被迫去做还是以乐观积极的心情去做。这两种心态会产生不同的效果，后者会得到更积极的生活体验，所得到的效果和成绩也都是事半功倍的。

所以，千万不要讨厌折磨自己的东西；相反，要把它当作磨砺快乐地去接受，让压力变动力，这是一条成长和发展的必经之路……

微笑面对失败

失败是一碟小菜

生活就像一面镜子。你对它哭，它也对你哭，如果你想要它对你微笑，你只有一种办法，就是对它微笑。微笑是最美好最迷人的一种表情。人生中有成功就有失败，失败不意味着你是一个失败者，失败表明你尚未成功；失败不意味着你没有努力，失败表明你的努力还不够；失败不意味着你必须忏悔，失败表明你还要吸取教训；失败不意味着你一事无成，失败表明你得到了经验；失败不意味着你无法成功，失败表明你还需要一些时间；失败不意味着你会被打倒，失败表明你要微笑面对。所以，微笑面对你身边的一切。

失败是一道菜，一道难以下咽的苦菜，但你只能把它吃下去。当朋友离你而去，当苦苦追求梦想却屡受挫折时，你知道了人间的苦涩，你徘徊，你失落，但你还是不想放弃，你不甘心，同时，你也会意识到，失败不过是酸甜苦辣的百味人生中的一碟小菜。

失败是对我们的淬炼

凡真正大的智慧，往往源于失败的教训。古今中外，大多数成功者都经历失败，可贵的是他们的勇气。马克·吐温经商失败，弃商从文，结果一举成名。因为他曾经微笑面对过失败。巴尔扎克说：“世界上的事情永远不是绝对的，结果因人而异，苦难对于天才是一块垫脚石，对能干的人是一笔财富，对于弱者是一个万丈深渊。”

我们要在失败中吸取经验教训、寻找方法、思考原因，这样，我们才会变得成熟，才会成功。我们不能单单停留在失败上，要微笑着面对失败，迎接新一次的挑战，正如拿破仑所说的“避免失败的最好方法，就是决心获得下一次成功”。泰国商人施利华，是商界拥有亿万资产的风云人物。1997年的一次金融危机使他破产了，面对失败，他只说了一句：“好哇！又可以从头再来了！”他从容地走进街头小贩的行列叫卖三明治。一年后，他东山再起。他微笑面对了失败，他重生了。

失败是人生的熔炉。它可以熔化掉人的信心，也可以使人变得坚强、自信。如果我们曾经微笑面对过失败，那在我们年迈时，我们可以对自己的子孙后代说：“我们曾笑对失败。”失败是一道亮丽的风景线，是经受风雨的玫瑰，遭受台风的花园虽令人无奈，却有无限的幽香；失败是枫叶，虽然被秋风扫落，却被热血渲染；失败是成功路上层层的山峦，汹涌的浪涛，你只有走过，才会到达成功的彼岸。

失败乃成功之母

我们在这个多姿多彩的世界里生活，经历过快乐，也有过悲伤，在失败中体会到了人世间的酸甜苦辣，在成功里找到让自己继续前进的自信心。现实社会里，微笑是人间最真实的语言，失败的时候给自己一个微笑，让自己更深入地了解自己，在每一次的失败中看到自己的不足，下一次避免走上次同样的弯路，这样似乎每一次失败在生活中都起了重要的角色。失败得越多，离成功就越近。在每一次失败中微笑，给予自己继续前进的自信心，把失败看作是成功的垫脚石，学会拥抱失败，走向成功。在平凡无奇的生活中，我们遇到挫折时，望一望身边的人，也许我们会感到一丝欣慰。在我们身边总会有一些佼佼者，他们是成功的代表者，他们同样经历了种种失败。因此，失败虽然可怕，但是如果没有接受失败的能力就更加可怕了。

他们微笑面对失败

《战争与和平》的作者托尔斯泰，大学时因成绩太差而被退学，老师认为他既没读书的头脑，又缺乏学习的意愿。发表《进化论》的达尔文，当年决定放弃行医时，遭到父亲的斥责：“你放着正经事不干，整天只管打猎、捉狗捉耗子的。”另外，达尔文在自传上透露：“小时候，所有的老师和长辈都认为我资质平庸，和聪明是沾不上边的。”爱因斯坦四岁才会说话，七岁才会认字，老师给他的评语是：“反应迟钝，不合群，满脑袋不切实际的幻想。”他曾遭到退学，在申请苏黎世技术学院时也被拒绝。

这些为人类做出贡献的伟大科学家，从小就经历了无数次失败和挫折，但他们微笑地面对失败，不因遭受挫折而气馁，最终都走向了成功。所以，每一次失败都是一笔巨大的财富，我们应该珍惜每一次失败，用微笑去珍惜它、认真面对它、细心地体验它，这样，我们最终就会走向成功。 现在，我们可以自豪地向生活发出从容的微笑了。

逆境中磨炼自己

逆境中爆发动力

逆境充满荆棘但也蕴藏着成才成功的机遇，逆境对人才成长的确有诸多不利，然而如培根所说：“奇迹多是在厄运中出现的。”古人说，祸兮福之所倚。有犀利眼光和创新意识的智者，总能打破常规，在危机中窥见机遇，找到转危为安、反败为胜的对策。

拿破仑的奇袭

1791年深秋，法军进兵荷兰，荷兰掘开运河阻止法军前进。正在法军犹豫是否退兵时，拿破仑看到树上蜘蛛大量吐丝结网，根据知识和经验，他判断马上将有寒潮来临，于是发出停止撤退、准备进攻的命令。不久果然寒风劲吹，一夜之间河水冰封，法军踏过瓦尔河，一举攻占荷兰要塞乌得勒支城，避免了功亏一篑。

逆境压抑人才，但也激发人才成长的强劲动力。逆境给人才成长制造困难，形成压力，使人才成长备受挫折。但是，正如《菜根谭》中所说：“居逆境中，周身皆针砭药石，砥节砺行而不觉；处顺境中，眼前尽兵刃戈矛，销膏糜骨而不知。”久处顺境，易生骄奢淫逸之风和惰性。而人在身陷逆境时，资源匮乏，精神压抑，成功欲望迫切，成才动机强烈，因此常常能够取得在顺境中难以取得的巨大成功。事实正是如此，豪门子弟多不成器，而出身贫寒者，始终处于忧患之中，多能奋发有为。逆境使人别无选择，但逆境给人很大压力，而压力能激发出强劲动力。当然，这种动力作用，主要还取决于身处其中的成才者所采取的积极进取的人生态度。

逆境中磨砺个性

逆境不但磨砺人才也磨砺人才的优良个性，树木受过伤的部位，往往变得最硬。人才成长也一样，经历逆境的伤痛和苦难之后，能磨砺出优良的个性。立志成才的青年如果能经历一段逆境的磨砺，为自己的人生“垫底”，那么以后不管遇到什么意外和困苦境遇，都能应对和承受。少时苦难磨砺性情，可抑浊扬清成大业。

曼德拉的牢狱岁月

南非前总统曼德拉，年轻时因反对种族隔离制度被捕入狱，白人统治者把他关在荒凉的小岛上整整27年，3名看守总是寻找借口欺侮他。1991年曼德拉出狱并当选南非总统，当年在监狱看管他的3名看守也应邀参加他的就职典礼，曼德拉还恭敬地向他们致敬。如此博大的胸襟让到场的各国政要和贵宾肃然起敬。

后来，曼德拉解释说，他年轻时性子很急，脾气暴躁，正是漫长的牢狱岁月给了他思考的时间，让他学会了控制自己的情绪，学会了如何处理自己的痛苦。磨难使他清醒，让他克服了个性的弱点，也成就了他最后的辉煌。

傅雷曾经说:“不经劫难磨炼的超脱是轻佻的。”这句话至为深刻。逆境的一个重要价值,就是使人学会驾驭自己的个性,适度地张扬自己的个性,并消除个性中的不良倾向,不沦为个性的奴隶,成为一个自身发展和谐的、能与社会相融的有用之才。

我们要学会适应逆境,对自己进行有益的逆境培养。人才成长初期,少年得志,未必是好事。宋朝神童方仲永,5岁就能作诗,传为奇闻,但12岁时却变得“泯然众人矣”,就是因为优裕的环境害了他。有时,环境太好并不利于人才的成长,“自古雄才多磨难,从来纨绔少伟男”。

张居正落第

明朝宰相张居正,从小聪明过人,13岁参加乡试的试卷令考官拍案叫绝,时任湖广巡抚的顾玉麟却建议让张居正落第。他解释说:“居正年少好学,吾观其文才志向,是

个将相之才，如过早让他发达，易叫他自满，断送了他的上进心。如果让他落第，虽则迟了三年，但能够使他看到自己的不足而更加清醒，促其发奋图强。”这位巡抚的远见的确令人折服。后来，张居正果然成为明朝的杰出政治家，他在险恶的环境中坚持革新政治，有一种不达目的不罢休的坚韧精神，这不能不说与他少年“落第”的逆境有关。

逆境中要讲策略

身处逆境之中要讲究成才的策略。一是在等待和忍耐中转逆为顺。身处逆境要忍耐，沉得住气，受得起委屈，坐得住冷板凳。这时，需要冷静观察，韬光养晦。如果在逆境中错判情势，急于求进，就可能招致更大灾难和祸患。在逆境中只要坦然自处，奋发有为，就有可能在时机成熟时，化不利为有利，成其大才。二是以乐观心态超越逆境。这种心态来自于对自己的理想的坚持和追求所产生的快乐，这种快乐不为任何逆境所掠夺、所压制。因为逆境已经存在，不必急于改变现实，但可以在精神上超然现实，继续在对理想的执着中寻找最大快乐。只有这样，逆境消除之日，可能就是功成业就之时。三是积蓄力量待机突围。面对逆境，还应当注意运用顽强而灵活的反“埋没”策略，要为破障突围进行长期艰苦的力量积累和精神准备，待条件基本具备时，以冲天之势突破逆境的羁绊，成就自己的多彩人生。

面对逆境，你准备好了吗？